JN439324

우리가 사는 세상

우리가 사는 세상

이종혁 지음

초판인쇄 2012년 3월 30일
초판발행 2012년 4월 5일
발 행 처 수필과비평사
발 행 인 서정환

출판등록 1984년 8월 17일 제28호
주소 서울시 종로구 익선동 30-6
운현신화타워 빌딩 2층 207호
전화 (02) 3675-5633, (063) 275-4000
Fax (063) 274-3131
E-mail sina321@hanmail.net

값 12,000원

ISBN 978-89-5925-811-6 03810

우리가 사는 세상

이종혁 지음

수필과비평사

책머리에

1960년에 문교부 유학시험에 합격한 후 400여 불 되는 엄청난 여비를 마련치 못하다가 여러 해 지난 다음 학생으로 시작한 미국 생활이다. 전쟁 중에 제대로 하지 못한 공부를 하고 미국 사회에 일원이 되려는 마음 바쁜 생활이었다. 두 번째 시작한 학부생활에 젊음을 만끽하고 마음은 앞을 향하여 쉬지 않고 달렸다. 거대한 미국사회를 알려고 무단히 노력한 것이 이 사회에 쉽게 적응하는 기회가 됐다. 나름대로 퍽 열심히 미국역사를 공부하고 미국이 13주로 시작한 역사에서 남북 전쟁에 이르는 등 나름대로 미국 역사의 일가견을 갖는다. 남북전쟁에 패배한 남부를 알게 되며 이 사회에 일원이 되어 간다. 그저 영화에서 보는 그런 미국이 아닌 진솔한 미국을 알고 싶었다. 여러 주를 여행하며 1930년대 일본 대사관의 무관을 지낸 야마모토 제독의 회상기도 생각나게 하는 그런 나라다. 미국친구들과 카보이 복장을 하고, 야영을 하고, 집에서 담근 밀주를 마시며 며칠씩 지내기도 하고, 산돼지 사냥도 했다. 서부를 개척하는 기상이 영화에서만이 아니고 지금도 그들의 생활에 남아있다.

헌법이 허용하는 무기휴대에 대한 그들의 집착은 대단하다. 총기사고가 많이 난다고 통제하려는 노력은 번번이 허사가 된다. 내가 알고 있는 친구들은 보통 소총과 장총을 합쳐서 일개 분대는 능히 무장할 수 있는 무기를 소지하고 있다. 그리고 국가 비상시의 엄청난 단결심은 다른 나라 사람들이 부러워하는 점이다. 일반적으로 준법정신과 커뮤니티 봉사에 철저한 그 글의 단면을 다시 보게 한다. 대학을 가지 못하면 사람 축에

끼지 못하는 우리에 비하면 교육을 받지 못해도 당당하게 사는 사람들의 자세가 다시 보인다. 학교를 다니지 못했다고 기가 죽는 일이 없이 생활 속에서 지혜를 쌓는 그런 생활을 한다. 그리다가 늦게 변호사도 되고 목사도 되는 사람들이 우리 주변에 많다. 느긋하게 살다가 어떤 기회에 인생을 다시 사는 그들을 보고 나도 60이 지나서 박사공부를 시작하고 4년 만에 마쳤다. 대학에서 강의하며 내 카보이 기질을 자랑하기도 했다. 미국정착이 쉽지 만은 않았다. 이제는 그런대로 괜찮은데 40여 년 전에 인종 차별을 받은 나쁜 기억도 있지만 아마 나름대로 개척 정신으로 견딘 것 같다.

정치를 하고 싶었는데 아내가 말렸다. 출마는 하지 않고 아시아계 민주당 조직에 참여하여 전국 부회장을 지내기도 하고 후에 한국 동포로 연방 하원을 지낸 인사도 우리와 함께 정치를 했다. 그는 후에 공화당으로 옮겼다. 주지사로부터 캘리포니아 주 경제자문위원에 위촉되기도 하는 등 바쁘게 지난 거의 반세기다. 중국이나 일본사람들보다 숫자는 적지만 여러 면에서 우리 동포가 일군 업적은 괄목할만하다. 이렇게 우리는 나름대로 우리 동포사회를 일구고 우리 문화와 함께 우리 정체성을 지킨다. 그리고 아메리칸 드림을 일구어 나간다. 그동안 틈틈이 써온 글을 모아서 책을 내게 되는 즐거운 마음인데 주위의 도움이 없었으면 엄두도 못 냈을 것이다. 발전하는 조국과 함께 우리 동포사회도 풍요로워지고 앞으로 오는 밝은 미래를 코리안 아메리칸으로 바라본다.

CONTENTS

02 아름다운 내 조국

CONTENTS

03 미국식 이름

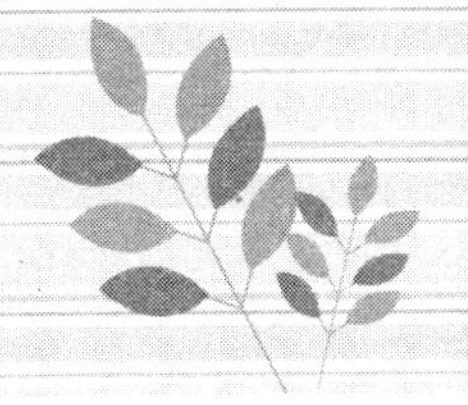

04 샘에게

CONTENTS

05 인생역전

06 프로스노 인디언

CONTENTS

07 피아노 연주의 새 얼굴

08 책 읽는 대통령

01 금문교

국제 원유값 / 글래스 실링 / 금문교
케네디 가문 / 항공기 여행 / 이름 워싱턴
미국의 카우보이 문화 / 샌프란시스코 대지진
미국은 정말 망하는가 / 진주만 공격 / 교회의 정치참여

국제 원유값

내가 타고 다니는 SUV에 지난주 가솔린을 가득 채우니 겨우 $30이 될까 말까 한다. 거의 $70이 되던 때가 오래되지 않았는데 가솔린 값이 60%이하로 곤두박질치고 있다. 아랍 나라 특히 전 세계 원유를 40%공급하고 있는 OPEC 가입국에서는 생산을 하루 150만 배럴 줄였는데도 값은 여전히 내리고 있다. 이번 주에 한 배럴당 $40로 내려가기도 하는데 아랍 나라의 감산 위협이 먹혀들지 않는가 보다. 다음주에 있을 OPEC 회의 때 200만 배럴 이하로 생산한다고 공식 발표하려는가 본데 값에 어떤 영향을 미칠지 두고 보아야겠다.

휘발유를 제일 많이 사용하는 미국에서 절약을 하여 재고가 계속 늘고 있는 것이 원유값이 떨어지는 큰 이유라고 한다. 원유 생산국에서는 미국소비자들의 휘발유 절약에 크게 걱정을 하지 않았다고 한다. 미국의 소비가 준다고 하여도 아시아 신생 경제개발도상국들이 충분히 그 물량을 소화할 수 있어서 염려는 하지 않는다고 했다. 막상 전 세계 경제가 침체되기 시작하니 그들의 생각처럼 중국이나 인도가 구입량을 늘리지 않는다고 한다. 그러니 원유 수입이 정부 예산에 큰 비중을 차지하고 있던 나라들이 크게 적자를 기록함과 동시에 당황하기 시작했다고 한다.

참고로 그들의 경제에 맞게 계획된 한 배럴당 최소값을 소개한다. 이는 기업에서 이야기하는 손익분기점이다. 시장값이 여기 미치지 못하면 적자를 면하지 못한다. 바레인 $75, 사우디가 $49, 쿠웨이트가 $33 그리고 베네수엘라가 $60이라고 한다. 지금 원유값이 $42이니 $33인 쿠웨이트를 제외하고 나면 다른 나라들은 적자폭이 큰 편이다. 유엔에 와서 미국 욕을 하고 다니던 유고 샤베즈의 베네수엘라는 국제원유가 $70-80 할 때 그들의 손익분기점을 시장값에 크게 못 미치는 $60로 책정했다고 자신만만하게 큰소리쳤는데 이제는 아주 조용하다.

모든 산유국들이 그동안 비싸게 받아 비축한 돈을 지금 예비금으로 쓰고 있다고 한다. OPEC이 아닌 러시아의 경우 2조 달러 비축금은 이제 바닥이 나고 S&P국제 평가 기관으로부터 신용도가 BBB+에서 BBB로 평가 절하되기에 이르렀다고 한다. 따라서 그들이 국제 금융 시장에서 차관하려면 신용도 때문에 이자를 더 내어야 한다.

재미있는 에피소드가 있다. 미국에서 시작된 서브프라임 모기지 파탄 때문에 국제 경제가 침체되며 따라서 국제 원유값과 함께 증권도 떨어지기 시작했다. 다급해진 러시아 재무장관이 미국 헨리 폴슨 재미장관한테 두 번씩이나 전화했다. 조지아(그루지야)를 침공하여 러시아가 받는 벌이냐고 했다고 외신에 실렸다. 그리고 미국이 주도하는 경제 파탄이냐고 더불어 물었다고 했다. 그 작은 나라를 공격하고 꽤나 마음이 켕겼었는가 보다. 원유값이 배럴당 140여 불하고 경제가 호전되니 소비에트시대 이후에 얻은 자존심이었을 것이다. 국제사회에서 원유값 때문에 목소리가 커지기 시작한다. 60여 년간 소비에트 연방의 속국이나 다름없던 15개 공화국 중에 하나였던 조지아에 탱크를 선두로 침공하며 냉전 시대에 체코와 헝가리를 연상하리만큼 힘을 자랑하기도 했다. 이제는 모두 겸손해진 나라가 러시아뿐만 아니라 베네수엘라의 샤베즈 그리고 이름도 발음하기 힘든 이란 대통령을 들 수 있다. 얼마 전 외신에 그가 경제적으로 실패했다고 이야기하기도 했다.

어떤 신문기사에 의하면 원유가 배럴당 $20대까지 떨어질 수도 있다고 한다. $147였을 때 1갤런 당 $4이 훨씬 넘었는데 지금은 $1.70에서 오르내린다. 아마 배럴당 $20까지 내려간다면 휘발유가 $1불 이하로 떨어지며 태평성대가 다시 오지 않겠느냐고 했다고 한다. 근래에 미국을 상징하는 3개 자동차회사의 어려운 이야기, 증시가 큰 폭으로 오르내릴 때마다 가슴이 철렁하는 경험 그리고 여러 회사들의 대량 감원을 가져오는 어려운 이때 원유값이 떨어지니 그나마 다행이고 어려움을 견디는 데 도움을 준다. 어서 우리 미국경제가 회복되기만 바랄뿐이다.

글래스 실링

남자 위주 세계에서 여자가 아무리 똑똑해도 보이지 않는 장벽 때문에 더 나아갈 수 없는 현상을 글래스 실링(Glass Ceiling)이라고 한다. 때로는 그들에게 주어진 여건에 안주하기도 하지만 어떤 이들은 의지로 극복하는 경우를 우리 주변에서 본다. 누가 이야기하듯이 이런 제한이 있다고 생각하는 사람들에게는 글래스 실링이 있는가 하면 어떤 사람들은 이를 괘념치 않고 앞길을 헤쳐 나간다. 즉 태도에 따라 무한한 가능성을 성취할 수도 있고 또한 자신에게 족쇄를 채울 수도 있는 것이다.

여러 가지 역경을 극복하고 금융계 정상에 오른 세 여자 이야기가 얼마 전 ≪타임≫지의 표지와 함께 소개되어 독자들의 시선을 집중케 했다. 이 당당한 세 여자를 가리켜 월 스트리트 보안관이라고 기사는 덧붙인다. 그들이 지금의 위치에 있기 위하여서는 끊임없는 노력이 있었을 것이고 남자 세계에서 살아남기 위하여 부단한 힘과 용기를 길렀을 것이다.

증권거래소(Security Exchange Commission) 회장인 매리 샤피로는

현물거래소장을 거쳐 1988년에 증권거래소의 커미쇼너가 되었다. 오바마 대통령에 의하여 2009년에 회장에 임명되었고 당시 메이도프 증권 사기사건으로 증권거래소는 사면초가가 되었을 때였다. 그는 구태의연하던 증권시장 감독기관에 일대 쇄신을 가져왔고 문제 상장 회사들을 조사하기 시작했다. 급기야는 아무도 상상할 수 없는 골드만 삭스 회사를 사기혐의로 고발하고 얼마 전에 5억 불 벌금 부과와 함께 일단락 짓고 그리고 7월 22일자 경제란에 의하면 델 컴퓨터도 1억 불 내기로 합의했다고 한다.

두 번째 여자는 연방은행 감독기관 FDIC(Federal Deposit Insurance Corporation) 총책임자인 실라 버어이다. 이 기구는 1930년대 은행 로비스트들의 적극적인 반대에도 불구하고 의회에 통과되어 설립된 기관이다. 이 기구의 목적은 은행이 파산해도 예금주에게 $250,000까지 보상을 책임지는 기관이다. 그리고 이 기구는 부실은행을 가차 없이 통폐합하기도 한다. 근래 몇 개 한국계 은행도 이 기구에 의하여 통폐합되었다. 부시 대통령에 의하여 2006년에 임명되자마자 은행이 당면한 부실 대부금 사태의 심각성을 발표했다. FDIC는 2008년에 25개, 2009년에는 140개와 2010년 현재 103개 은행을 통폐합시켰다. 본인은 은행이 제대로 운영된다면 언제든지 사임할 수 있다고 한다.

세 번째 금융계의 여걸은 TARP(Troubled Assts Relief Program)의 책임자인 엘리자벳 워렌이다. 부실 서브프라임에 투자하여 어려움을 면치 못하는 금융기관에 정부 돈을 대부하여 소생시키는 프로그램이다. 워렌은 19세에 결혼하여 22세에 아기 어머니로 대학을 마치고 변호사가 된 꽤나 끈질긴 사람이다. 그녀는 부실 대부금으로 허덕이는 은행들을 적시에 구제하지 않는다는 비난도 받았지만 지금까지 성공적으로 진행하고 있다. 그동안 남자 은행가들로부터 어려움을 많이 받았다고 한다. 이 성공적인 프로그램은 오바마 대통령이 워렌의 건의로 시행하기에 이르렀다.

이 세 사람은 모두 주어진 일에 최선을 다하고 남자 주도 사회에서 역경을 헤치고 일어선 사람들이다. 모두 율사 출신이고 이들은 가히 모든 사람들에게 하면 된다고 하는 본보기를 보여 주고 글래스 실링(제한)이 주는 한계를 이긴 사람들이다. 얼마 전 산타클라라의 루시고 카운티 고등법원 판사가 북가주 연방판사가 되는 경사가 우리 동포사회에서 있었다. 오늘 조간신문에 일본계 여성이 캘리포니아 대법원장직에 거론되기도 한다. 1920년까지 미국에서는 여자들에게 투표권이 주어지지도 않았다. 이런 미국에서 그동안 여자들이 성취한 업적은 대단하다.

1984년에 민주당이 여자 부통령을 지명했을 때 모두가 의아해했지만 이제는 글래스 실링을 극복한 여자 대통령의 탄생도 그리 먼 날의 이야기만은 아닐 것이다. 이런 업적을 이룬 이들에게 하이파이브를 보낸다.

금문교

외국 사람들한테 미국하면 먼저 떠오르는 모습이 샌프란시스코의 금문교와 뉴욕의 자유여신상일 것이다. 미국을 상징하는 다른 곳도 있겠지만 과학과 예술의 조화를 이룬 금문교와 헐벗은 난민들을 환영하는 뉴욕의 자유여신상이 이 나라를 대표한다. 금문교의 아름다움이 미국을 포함한 세계적 관광객을 이곳에 오게끔 한다.

하트 크레인(Hart Crane) 시인은 뉴욕의 부르클린 브리지 서사시를 써서 19세기 말에 일약 유명해지기도 하지만 자연과 과학이 조화를 이룬 금문교의 아름다움에 비할 바가 못 된다고 근래 출판된 케빈 스타의 책에 쓰여 있다. 최근에 발행된 그의 책에서 금문교는 엔지니어링과 예술의 극치를 이룬 것 이외에도 과거와 미래를 이어 주는 역사성을 갖고 있다고 한다. 그는 지난 40여 년간 역사학자로 정치가로 캘리포니아에서는 잘 알려져 있고 샌프란시스코 역사의 권위자로 자타가 공인하고 있는 사람이다. 근래 ≪골든 게이트≫라는 책이 출판되어 호평을 받고 있다. 내가 대학 다닐 때 저자한테 역사를 수강한 적이 있고 그가 학자로서 저술가로서 성장하는 모습을 보아오던 터였다.

샌프란시스코는 금문교가 완공되기 이전까지는 금 채굴로 벼락부자 된 사람들이 살고 서부개척의 종착지쯤으로 알려진 그런 곳이었다. 금이 발견되자 미국과 전 세계에서 서부가 주는 기회를 놓칠세라 이주자들이 몰려와 나름대로 커뮤니티를 형성하고 있었다. 다리를 통한 대륙과의 연결이 태평양을 아우르는 웅지를 금문교는 제시했다고 한다. 따라서 그냥 아름다움과 과학이 주는 조화 이상의 의미를 주었노라고 저자는 덧붙인다.

나도 공감하는 이야기지만 우리의 창조력은 꿈에서 시작된다고 한다. 당장 실행할 수 없는 일이더라도 꿈을 버리지 않고 추진을 하게 되면 이루게 된다고 한다. 어떤 이들은 이를 American Ingenuity라고도 하며 이런 꿈이 오늘의 미국을 만들었을 것이라고 한다.

낭만적인 건축가 조셉 스트라우스는 골든게이트 만灣을 잇는 다리의 비전을 보고 그 꿈을 이루기 위하여 부단한 노력 끝에 완성단계에 들어갔다. 스타씨의 기술대로 안개 속에서 철근과 만灣을 연결하는 케이블이 마치 춤을 추는 듯하며 솟아오르다가 안개 속으로 사라지는 환상 속에서 공사는 완공되어 갔다고 한다. 공사를 추진할 때 많은 반대에 부딪쳤다. 선박 회사들은 다리 높이를 간섭하는 것으로부터 엄청난 상환액수를 요구하는 채권 발행과 마린 카운티를 잇는 연락선의 반대 등 어려움이 한두 가지가 아니었다.

더 놀라운 사실은 미래지향의 커먼웰트 클럽도 반대세력의 앞장을 섰다는 점이다. 이 공사의 금융을 담당했던 Bank of America의 A.P. Giannini 회장은 공사금 융자를 심의할 때 스트라우스에게 다리 수명이 얼마나 가겠느냐는 질문에 세상 끝날 때까지라는 답을 듣고 대출해

주었다는 이야기도 있다. 경제공황 때 대규모의 다리공사가 지역 경제에 공헌한 면도 간과할 수 없다. 이 엄청난 공사의 경주에서 누구 혼자서 일등한 것이 아니고 사회 전체가 일등을 누리는 기회를 금문교는 우리에게 가져다 준 것이라 한다. 이렇게 19세기의 꿈과 20세기 장래를 잇는 다리가 서부개척의 종착지 샌프란시스코에서 태평양을 석권하는 상징적 의미를 주고 있다고 한다. 금문교 설계 당시의 색상은 이스트 배이를 잇는 배이 브리지처럼 회색이었는데 초벌로 입힌 주황색이 주위 경관과 잘 어울린다는 주민들의 의견에 따라 그렇게 하기로 했다고 한다.

뉴욕의 자유여신상은 미대륙을 포용하는 의미가 있다면 태평양을 향한 금문교는 우리에게 21세기의 꿈을 안겨 준다. 하늘을 향한 케이블카를 탄 토니 베넷이 찬 안개 속에 사랑하는 여인과 마음을 두고 떠난다고 했던가. 오늘도 나는 금문교와 함께 내일을 달린다.

케네디 가문

매사추세츠 주 테드 케네디 상원이 지난 8월 25일 77세 일기로 세상을 떠났다. 케네디 정치가문의 종말을 고하는 순간이었다. 47년 전 그가 입법제안하여 통과한 법은 백인 위주 이민 쿼터에서 아시아인을 포함한 유색인종을 받아들이도록 한 것으로 인종구성에 새 장을 열었다. 오바마 대통령은 그를 '민주주의를 수호한 정치가'라 했고 반기문 유엔사무총장은 '말 못하는 사람들의 대변인'이라고 하였다. 그는 민주당뿐만 아니라 공화당에서도 존경을 받았지만 "1960년대 이상주의자"라고 비난받기도 했다. 때에 따라서는 공화당과 손을 잡고 사회를 위한 어려운 법안을 통과시키기도 했고 이번 오바마 대통령이 주도하는 의료보험 개혁을 통과시키려다가 암으로 세상을 떠났다.

1970, 1980년대 대권에 대한 꿈이 1969년에 있었던 '차파퀴딕 사건'으로 이루지 못하게 되었다. 그와 동승했던 조 코페크니라는 묘령의 여자가 익사하며 생명을 보호하지 않았다는 비난이 그를 평생 따르게 했다. 케네디 상원의원은 그의 형 존 케네디 대통령의 꿈이었던 카멜롯 기사의 검을 오바마에게 상징적으로 넘겨주었다고 8월 30일자 ≪뉴욕

타임스≫는 보도한다. 카멜롯 전설에서 아더 왕은 기사도 정신으로 세워진 왕국에서 사회가 추구하는 민주주의 정치 모습을 추구했다고 한다. 그는 1960년대의 이상을 아들이나 조카들보다는 흑인대권후보에게 넘겨 준 것이다. 지난 대선에서 힐러리의 손을 들어 주지 않아 오랫동안 한 가족과 같이 지내던 빌 클리턴과 절교하다시피 하였다.

그의 아버지며 케네디가문의 수장인 조셉 케네디는 1888년에 태어나서 1969년에 81세로 세상을 떠난 인물이다. 1840년대 아일랜드 감자기근 때 이민 왔다. 당시만 해도 아이리쉬는 그리 환영받지도 못하고 어떤 경우에는 흑인 노예보다 조금 나은 정도였다. 더구나 천주교도라는 약점을 극복하기 위하여 혼신을 다했다고 한다.

조셉 케네디는 돈과 정치적인 힘을 기르기로 했다. 그는 사업가였고 민주당 정치의 거물이었으며 아이리쉬 천주교의 막강한 후견인이었다. 그는 증권거래소 초대 이사장을 역임할 만큼 루스벨트 대통령과 절친한 사이였다고 한다. 제2차세계대전 초기인 1938년부터 1940년까지 주영 미국대사를 하다가 적절치 못한 발언 때문에 사퇴했다.

그는 재정전문가가 되며 엄청난 부를 축척하였다. 증권과 곡물시장에 투자하기도 했는데 현재는 금지되고 있는 주식 내부거래로 엄청난 폭리를 취하기도 했다. 1930년대 경제 공황 때 부동산을 헐값에 사들이며 많은 원성을 사기도 했다. 또한 금주령 때 술을 밀수입 하는 등 법을 어기며 치부했다고 했다. 그리고 스카치 위스키의 미국 총판매권도 얻었다. 그의 재산 액수가 가히 천문적인 숫자였다고 하며 손꼽히는 부자 반열에 포함되기도 하였다.

미국에서 정치왕조를 구축하고 아들을 미합중국 대통령으로 만들겠다고 결심하고 그의 목표에 방해되는 것들을 제거하는 과정에서 많은 적을 만들었다고 한다. 그는 슬하에 아들 넷과 딸 다섯을 두었는데 모두 좋은 사립학교에 보냈다. 재산을 엄청나게 모은 그에게 불운은 제2차세계대전 때 전투기 조종사였던 맏아들을 영국해안에서 잃는 것에서 시작되었다. 대통령 존을 1963년에 잃고 셋째아들 로버트 상원의원도 5년 후에 잃었다. 거기서 그치지 않고 딸을 잃는 등 비극의 연속이 계속 이어졌다. 엄청난 부와 명예와 함께 대통령과 세 명의 상원의원의 아버지였지만 그가 눈을 감기 전에 세 아들을 묻는 비극을 안고 세상을 떠났다.

사람들은 그의 잘못 때문에 받은 형벌이라고도 하며 저주받은 가족이라고 했다. 테드 케네디는 아버지의 잘못을 속죄하는 마음으로 사회개혁과 소수인종문제에 더 앞장섰던 게 아닌가 하는 말도 있다. 테드가 가면서 케네디 정치왕조에 막이 내린다. 그가 존 케네디의 아들 '존존'을 묻으며 "사람은 자기 흰머리를 빗을 수 있게 살아야 한다."라는 시구를 인용했다고 한다. 그는 흰머리 빗는 나이까지 살았지만 아버지의 죄를 짊어지고 살다간 희생양이었는지 모르겠다.

항공기 여행

회사 일로 한동안 여행을 많이 한 때가 있었다. 짧은 거리는 손쉽게 이용할 수 있는 항공 회사 Southwest Airlines가 적격이다. 항공료가 싸기도 하지만 그들의 고객위주의 서비스는 참 대단하다. 간편한 승무원 복장으로부터 모든 과정이 일사천리로 진행된다. 객실의 손이 모자라면 기장이나 부기장들이 손님 짐도 직접 들어주는 등 우리가 알고 있던 항공회사 직원들의 고급스러운 분위기가 아니다. 다른 항공 회사들이 기내식을 제공할 때 그들은 땅콩과 음료수로 식사를 대치하여 항공료를 인하하였다. 텍사스에서 창업한 이 회사는 기라성 같은 큰 항공사와 경합하여 승리했다. 철저한 고객위주의 경영과 운영의 간소화에 따르는 경비절약 방침이 지금의 항공회사의 선두주자로 만들었다.

다른 항공사처럼 여러 종류의 기종을 사용하지 않고 보잉737로 통일하여 운영의 효율을 가져왔으며, 저렴한 항공권과 편리한 노선 때문에 항상 만원이어서 마치 시내버스를 탄 기분이고 어떤 이들은 이 회사 비행기를 Cattle Train이라고 빗대어 말하곤 했다. 그들의 그라운드 크루는 비행기가 도착하면 다른 항공사에 비해 짧은 시간 이내에 이륙시켜 비행기 활용도를 최대화하였다. 모든 항공사들이 적자에 허덕일 때 이 회사만 유일하게 흑자를 내는 등 전설적인 회사로 발전하였다.

그래서인지 이제 어느 비행장을 가더라도 이 회사 마크가 붙은 비행기가 쉽게 눈에 뜨인다. 그리고 웹사이트에 등록만 하면 여러 가지 여행 정보를 보내준다. 한 예로 일정 기간 동안 오클랜드에서 LA까지 편도가 $49라든지 대륙횡단을 $99라고 한다. 그레이하운드버스보다 싼 요금이다. 이렇게 저렴한 값과 누구나 손쉽게 이용할 수 있는 수송수단의 등장은 미국 항공업계에 일대 혁명을 불러왔다. 이제 비행기 여행은 누구나 할 수 있는 교통수단으로 도시와 도시 사이는 물론 전 세계의 생활권이 점점 좁아지는 상황을 실현시켰다.

한동안은 항공료가 엄청나게 비쌀 때가 있었다. 미국 내는 물론 서울에서 미국으로의 항공 요금도 만만치 않았다. 미국서부까지 항공료 편도가 1960년대에 $455였는데 아마 미국 사람의 한 달 치 월급과 맞먹는 액수였을 테고 한국 사람에게는 거의 일 년 치였을 것이다. 기내 서비스도 웬만한 고급식당에서 제공하는 음식 이상이었고 항공회사에서 일하는 자체가 스테이터스 심볼일 때이다.

따라서 비행기를 탄다는 것이 아무나 할 수 있는 일이 아니었다. 당시 국내선 대한 항공은 운영이 미미하였고 유일한 외국 항공회사 노스웨스트가 일주일에 한 번씩 하네다에서 김포로 취항할 때였다. 항공요금이 자율화가 되면서 운영의 합리화를 수용하지 못한 기존 항공 회사(국제선 팬암, 국내선 TWA)들은 파산을 하게 되었다.

미국 국내를 자주 여행하는 나는 지난 반세기 동안 바뀐 항공업계를 보며 간편하고 효율적으로 운영되는 Southwest를 예의 주시하게 되었다. 아마 잠시 내가 몸담었던 항공업계가 되어서 관심을 더 갖게 되는가 보다. 능률적으로 운영되는 이 회사가 이제는 퍽 가깝게 느껴지며 국내 여행할 때마다 Southwest를 이용하게 된다. 어려운 환경 속에서도 경비를 절감하며 새로운 경영 방침을 위하여 노사가 혼연일체로 함께한 힘이 오늘 이런 대기업으로 성장케 했다. 그들은 소비자의 구매심리를 정확하게 보는 눈이 있었고 항공 여행의 일반화를 가져오는데 일익을 담당하였다.

이제 미국 회사도 극심한 경쟁에 살아 남기위하여 군살을 빼며(lean & mean) 운영되고 고객위주의 경영 방침으로 거듭난다. 이제 제 2 · 3의 Southwest 같은 회사의 태동이 눈에 보이고 이런 기업들이 앞으로 미국을 이끌어 나갈 것이다.

이름 워싱턴

외국 사람들이 워싱턴 하면 미국 초대 대통령을 연상할 것이다. 키가 훤칠하며 당시 유럽 어느 나라 왕족에 빠지지 않으리만치 귀족적으로 생겼다고 한다. 하기야 미국이 영국으로부터 독립을 얻은 다음 그를 미국의 조지 일 세 왕으로 추대하려는 움직임도 있었다. 이런 이름을 가진 미국 사람은 한국에서 본 미군 흑인 병사였다. 그를 보며 의아스러웠고 혼란스럽기도 했다. 성씨의 중요성을 배워온 우리에게는 흑인이 미국 국부의 이름 갖는다는 게 될 법도 아닐 성싶었다. 그 이후 이곳에서 대학 다닐 때 워싱턴이라는 동급생을 만난 기억이 나는데 그도 역시 흑인이었다. 그리고 연예계 사람들이나 운동선수들 중에 이런 이름을 갖은 사람들을 종종 보게 되었다. 유명한 남자 배우 중에는 단젤 워싱턴 같은 사람들을 들 수 있다. 그리고 여러 번 내 칼럼에서 인용한 남북 전쟁 후 흑인 교육자 부커 티 워싱턴 같은 이도 들 수 있다. 우리 주위를 살펴보면 생각 이외로 이런 이름을 가진 사람이 많다.

얼마 전 신문에 워싱턴 이름 특집기사가 실렸다. 우리 관심 밖의 일인데 미국 전역에 16만 명의 워싱턴 이름 사용자 가운데 90%이상이 흑인이라고 한다. 그리고 9천여 명이 백인이며 나머지는 히스패닉과 아시아 사람이라 한다. 흑인들이 노예생활할 때 흔히 주인의 성을 따기도 하지만 백인 아버지의 성을 물려받은 혼혈도 적지 않다. 지금도 남부 농촌에 가면 같은 성을 가진 흑인과 백인이 어울려 산다. 공공연한 비밀은 그들이 같은 조상을 두었다는 사실이다. 때에 따라 서로 돕고 있다고도 한다. 지난번 대통령에 출마한 존 매케인의 조지아 가족은 얼마 전부터는 패밀리 리유니언에 같은 성을 가진 흑인들을 초청한다고 한다. 그렇게 외면하려던 백인 후손들이 자신들과 피를 같이 나눈 이들을 받아들이기로 한 것이다.

초대 대통령 조지 워싱턴은 흑인정부를 두었다는 이야기는 없다. 그도 120여 명의 노예를 가졌는데 그들에게 글을 가르치고 사람대우를 했다는 일은 널리 알려졌다. 역대 대통령 12명이 노예 소유주였는데 조지 워싱턴이 처음으로 노예해방 문제를 거론했다. 알기로는 그의 성을 갖고 태어난 흑인은 없는 것 같은데 토마스 제퍼슨은 경우가 다르다. 우리가 아는 대로 제퍼슨은 미국 독립선언서를 작성했고 제3대 대통령을 역임한 역사에 남는 인물이다. 그는 셀리 헤밍스라는 흑인 여자와 여러 명의 자녀를 두기까지 한 노예주였다. 이것이 흑인들이 제퍼슨 성을 갖게 된 동기라고 한다. 지난 몇 십 년 전 역사가에 의하여 이 사실이 알려지며 제퍼슨 성을 가진 백인들이 다른 성으로 바꾸는 에피소드도 있었다. 더구나 남부에서는 그들에게도 있을지 모르는 흑인 피가 두려워서 전전긍긍했다고 한다.

워싱턴 이름 통계가 신문에 발표되자 흑인들도 놀랐다고 한다. 대부분의 사람들은 초대 대통령을 제외하고는 모두 흑인이었을 거라고 생각했는데 이외로 미국 전역에 9천여 명의 백인 워싱턴이 있다는 게 놀랍다고 했다. 흑인 교육가 부커 워싱턴은 남북전쟁 이후 정식으로 학교에 입학했다.

성을 묻는 선생에게 워싱턴이라 한 게 그의 성이 되어버렸다고 그의 자서전에 쓰여 있다. 그는 성이 없다가 그런 식으로 워싱턴이 된 흑인 중 한 사람이었을 것이다. 나름대로 붙여진 이름일지라도 그 이름에 대하여 흑인들은 자긍심을 갖고 있다고 한다.

나도 40여 년 이곳에 살며 백인 워싱턴을 꼭 한 사람 만난 적이 있다. 아이다호 출신인 그는 로스앤젤레스에 큰 규모의 건설 회사를 하고 있었다. 이름 때문에 흑인으로 알고 정부 계약에 많은 혜택을 보았다는 이야기도 있다. 아마 우리식 생각으로 성을 아무렇게나 갖다 붙인다는 게 자랑스럽지는 않았을 테고 그렇다고 내놓고 이야기할 처지는 못 될 것이다.

이곳에 몇 십 년 살며 이런 일들이 눈에 뜨이고 이 사회를 다시 보게 되는 기회가 된다. 그리고 우리도 한 인종집단에만 자신을 국한시키지 말고 우리 주위를 돌아보며 사는 그런 지혜도 가져야겠다.

지금까지 미국사회의 일원으로 역경을 헤치고 살아온 흑인 워싱턴들에게 파이팅을 보낸다.

미국의 카우보이 문화

처음 이민 온 우리에게 가장 생소하게 보이는 게 미국 사람들에게 뿌리 깊게 박힌 '카우보이' 문화 전통일 것이다. 우리 이민 온 이들에게는 카우보이 하면 서부영화에서나 보는 존 웨인같이 끝없는 광야를 달리며 인디언 부족과 싸워 이겨 정의를 찾는 그런 유의 멜로드라마 같은 것이고 그저 영화에서 보는 역사에서 나올 법한 사건일 것이다. 그런데 좀 관심을 갖고 주위를 살펴볼라치면 생활 곳곳에 스며든 카우보이 영향을 보며 미국사람 하면 카우보이라는 등식을 생각나게 한다.

많은 미국 사람들이 주말이면 직업의 높고 낮음이 없이 카우보이 구두에 블루진을 걸쳐 입고 자동차는 근래의 '말'인 픽업 트럭이나 대형 SUV을 타고 산이나 들로 향한다. 이들은 사회 지도층인 사업가, 의사 그리고 대학교수 등 계층이 참 다양하다. 따라서 우리가 일반적으로 알고 있는 블루칼라에만 속한 것이 아니다. 옷이나 장신구 구입하는데 드는 돈도 만만치 않다. 이들이 즐겨 신는 타조가죽으로 된 구두는 1,000불을 호가한다. 그런데 참 좋기는 하다. 필자도 여러 해 전 이들과 어울려 다니다 얼떨결에 산 구두가 가볍고 여간 편안하질 않다. 이들이 말하는 대로 마누라 없인 살아도 타조가죽 구두 없인 못산다는 우스갯소리도 있다.

'Ho Down'이라 하여 여름 저녁에 불 피워 놓고 쌍쌍이 컨트리 웨스턴 음악에 맞춰 춤추는 모습 또 볼만 하다. 또 이들은 집에 여러 종류의 무기를 한 개 이상씩 갖고 있으며 외국과 지상전이 벌어지면 격퇴할 수 있으리만한 개인 무기를 갖고 있다고 한다. 어떤 이들은 갖고 있는 개인 무기가 가히 일개 분대는 무장시키고 남을 만큼 된다고 한다. 한때 개인 무기 휴대를 제한하려는 법을 제정하려다 이들의 반대로 의회에서 부결되기도 했다. 무기 휴대는 미합중국 헌법에 보장된 기본 권리라는 게 이들의 주장이고 이 권리를 인위적으로 빼앗을 수 없다고 깊이 믿고 있다.

한 가지 경험을 더 이야기하면 여러 해 전에 콜로라도의 작은 도시에 출장 가 점심 때 젊은 백인 컨트롤러와 식당의 자리를 잡으려 하는데 이 여자는 절대로 출입구 쪽에 등을 향하고 앉지 않는다고 한다. 카우보이였던 아버지에게 배운 것이라고 하며 자기 아이들에게도 가르친다고 한다. 누가 뒤에서 총을 겨눠도 방어하지 못한다는 이야기였다. 처음에는 의아하며 웃음을 터트리려다가 하도 진지한 모습에 그만 내가 더 어색해졌고 숙연해졌다. 카우보이문화는 남자에만 한정된 게 아니고 여자들에게도 깊이 뿌리를 내리고 있다.

브람스나 차이콥스키든 콘서트 음악을 좋아하는 미국 사람들도 행크 윌리엄스나 벅 오웬스 같은 컨트리 웨스턴 가수들의 음악이 나오면 열광한다. 20세기 미국이 낳은 세계적인 작곡가 아론 코프란드의 〈Appalachian Spring〉은 카우보이음악인 컨트리 음악과 교향곡을 잘 조화 시켜놓은 걸작이라고 전문가들은 이야기하며 미국 문화를 가장 잘 대표하고 있다고 한다. Alexis de Tocqueville이 1840년대에 저술한 Democracy in America에서 나오는 서부 개척한 이들이 지금도 미국사람들의 핏속에 흐르는 카우보이의 조상일 것이라고 이야기한다. 아마 그게 사실일지도 모르겠다.

우리가 그저 웃어넘기고 지나칠 수 없는 게 카우보이 문화이다. 이 문화를 만들고 지금도 지속하는 이들은 여러 대를 미국에서 살아온 사람이 전부가 아니다. 아론 코프란드가 러시아계 유태인이고 근 두 세기 전 미국 민주주의를 가장 잘 쓴 de Tocqueville은 프랑스 사람이다. 이 사람은 미국에 영주하지 않았지만 미국정신을 가장 글로 잘 표현했다고 알려진 사람이다. 이제 우리도 주변에만 서성거리지 말고 적극적으로 주류사회에 참여하여 우리가 몸담고 사는 이곳에 Korean American Cowboy의 전통도 남길 만하다.

샌프란시스코 대지진

이제 며칠 있으면 샌프란시스코에 대지진이 난 지 103년째 되는 날이다. 지난 여러 해 동안 4월 18일이 되면 신문과 방송에 당시 있었던 참사를 소개하고 현장을 목격했던 사람들과 인터뷰 등을 하고는 했는데 이제는 생존자가 없어 그 후손들의 이야기로 대신한다.

당시 마켓스트리트를 포함한 다운타운은 폐허가 된 전쟁 이후의 도시 같았고 모든 것을 잃어버린 피해자들은 망연자실한 모습을 보였다. 당일 새벽 5시 15분에 '릭터 스케일' 7.8이라는 강진이 샌프란시스코를 위시해서 산타로사까지 엄습을 했다. 지각변동에 의한 재난과 그리고 뒤따르는 화재로 재산피해는 많았지만 인명 피해는 그리 많지는 않았다. 80여 년 후에 닥친 '로마 프리에타'는 강도가 6.7이었으나 당시의 피해상황에 비하면 상대적으로 손실이 적었다. 물론 1906년 지진이 있은 후 지진에 대비한 건축기술의 향상으로 그리 큰 인명과 재산 피해는 없었다. 그래도 배이 브리지 한 구간이 주저앉았고 17번 프리웨이－지금은 880 프리웨이라고 한다－ 상단이 무너져 아래층 길을 달리던 여러 대의 차량들이 피해를 보았다. 천재가 가져다주는 참 무서운 장면이었다.

1906년 지진 때 참상도 많았지만 한 개인의 에피소드도 있다. 당시 전 세계적인 테너 '엔리코 카루소'가 샌프란시스코 그랜드 오페라 하우스에서 공연한 다음날이었다. 공연은 비제의 〈카르멘〉이고 그는 돈 호세 역을 했다. 투숙했던 호텔 천장이 주저앉으며 흙더미 속에서 구사일생으로 살아남은 그는 속옷 바람으로 체면이고 뭐고 울며 헤매고 다녔다고 한다. 그때 놀란 그는 살아생전 다시는 샌프란시스코에 오지 않겠다고 했고 그 약속을 저버리지 않았다고 한다. 다시 짚고 넘어가야 할 이야기가 있다. 당시 샌프란시스코 차이나타운은 금싸라기땅으로 백인 투자가들이 욕심을 내던 곳이었다. 지진 후에 정치가들을 동원하여 외각지인 헌터스 포인트로 차이나 타운을 옮길 계획도 하고 있었다. 당시 차이나타운에는 중국 사람들만이 아니고 우리 동포와 일본 사람들도 어울려 살았다. 인종차별이 심했던 때에 동양 사람들이 이곳을 벗어나서 백인지역에 들어가면 그들한테 봉변을 당하기가 십상이었다고 한다. 이야기가 좀 벗어나지만 이조 말엽에 관광객으로 온 조선 왕자가 마켓스트리트에서 중국 사람으로 오인받고 백인들한테 구타를 당하는 사건이 벌어졌다. 왜 차이나타운을 벗어났느냐는 것이다. 나중에 신원이 밝혀져 시장으로부터 사과를 받았다고 《크로니컬》지는 보도를 했다.

지진 이후에 일본사람들은 지금 니혼마찌가 있는 웨스턴 에디션으로 이주하여 그들의 커뮤니티를 만들었다. 지진 때 놀란 중국 사람들 많은 수가 오클랜드로 오기에 이르렀다. 그들은 지진 피해가 덜 심한 이곳을 피난처로 삼고 싶었다. 그때 바다를 건너온 사람들이 지금 오클랜드 차이나타운을 형성했다고 한다. 이곳도 샌프란시스코처럼 인종차별이 심하기는 마찬가지였지만 밀려오는 피난민 때문에 그들을 정착하게 도움을 주기 시작했다.

기록에 의하면 처음 차이나타운은 지금 있는 곳이 아니었고 그랜드 가와 20가 근처였는데 백인들에 의하여 척박했던 지역으로 밀리게 되었다고 한다. 당시 중국피난민 대열에 우리 동포들이 끼어 있었고 오클랜드에 한인이 거주 하는 계기도 되었다. 그 후에 하와이에서 고용계약을 마친 사람들이 새크라멘토 근처에서 농사일을 하다가 오클랜드 차이나타운에 정착하며 스몰 비즈니스를 하기도 했다.

지진에 대하여 한 가지 더 재미있는 이야기는 1989년의 일이다. 이때 바다를 사이에 두고 자이언츠와 에이스가 캔들스텍팍에서 월드 시리즈 야구경기를 벌이고 있었다. 이때 '로마 프리에타' 강진이 덮쳤고 경기가 중단되었다. 아메리칸 리그와 내셔널 리그 야구팀이 이렇게 가까운 곳에서 자웅을 겨룬 것은 보기 힘든 일이었다. 나도 그동안 여러 번 지진을 당하며 큰 꿈을 갖고 온 미국에서 비명횡사하는 게 아닌가 하는 두려운 생각도 했다.

샌프란시스코 40층 높은 건물에서 일을 하다가 지진이 날 때 사무실 창에서 배이 브리지 교각에 시선을 맞추면 건물이 좌우로 약 1피트씩 움직이는 모습도 경험했다. 겁도 났지만 그래도 허리케인이나 토네이도가 시시때때로 발생하는 미국 남부나 중부보다는 이곳이 낫다고 외지에서 온 사람들한테 자랑도 한다.

산 안드레아스와 헤이워드 지진대가 오클랜드와 인접도시를 지나간다 하여도 그리 겁을 먹을 일은 아니다. 이제 지진도 생활의 한 부분처럼 되어간다. 지진 날 때면 그저 그런가보다 한다. 그래도 캘리포니아가 좋고 더구나 오클랜드를 떠나고 싶은 생각은 없다.

미국은 정말 망하는가

약 20여 년 전 어떤 교포 단체의 회장을 하고 있을 때 일이다. 그 단체 일로 한국을 비교적 자주 다녔다. 올림픽을 막 치르고 자신감이 팽배해 있던 한국에서 어쩌다 내가 미국 교포임이 알려질 때면 늘 듣는 말이 있었다. 이제 미국은 지는 나라이고 한국은 뜨는 나라인데 왜 구태여 미국에서 사느냐고 제법 측은하게 이야기해 주는 사람도 가끔 있었다. 그때 그렇지 않다고 이야기하면 어눌한 나의 우리말로 그들의 달변을 당할 수가 없어 그냥 돌아선 적이 여러 번 있었다. 아마 그런 현상들이 한국에서 IMF 치르며 좀 없어지고 겸손해지지 않나 하고 생각이 들 때도 있었다. 하지만 마음속에서는 미국경제나 정치에 문제가 발생할 때마다 이러다가 미국이 어떻게 되는 게 아닌가 하고 켕기는 마음도 든다.

금년 독립기념 연휴에 ≪월스트리트≫지에 난 기사를 보고 20여 년 전 한국에서 있었던 기억이 연상된다. 글을 제공한 이는 현재 세인트루이스 대학교 역사학 교수인 토마스 매든 박사다. 나도 그동안 미국의 종말을 예고한 여러 가지 책도 읽고 인터넷을 검색하며 나름대로 관심을 보이던 터였다.

저자는 종말을 예고한 최근에 출판된 세 권의 책을 비교하며 그의 글을 전개한다. 소개한 책의 저자들인 패트릭 뷰캐넌, 차머스 존슨과 나오미 울프의 책인데 제목도 흥미롭다. ≪이데올로기와 욕심이 미국을 파멸로 이끈다≫, ≪미합중국의 마지막날≫ 그리고 ≪젊은 애국자들에게 보내는 미국의 마지막날≫ 등이다.

매든 교수는 최근에 출판된 이 세 가지 책들을 로마 전성기에 활동했던 역사학자 겸 정치도 했던 세 사람과 비교한다. 이 세 사람들의 이름은 서구역사 특히 로마에 관심이 있으면 잘 알려진 폴리비오스, 살러스트, 그리고 리비이다. 이 세 사람은 이구동성으로 로마의 멸망을 예고했다고 한다. 기원 3세기경 이후부터는 군인들이 집권하며 전 세계에 엄청난 제국을 이룩한 로마제국이 사양길에 접어들기 시작했다고 한다. 지금의 땅과 비교한다면 로마제국에 속한 나라들은 전 유럽, 아프리카 일부 그리고 아시아도 어느 정도 포함돼 있다. 현재 나라들을 열거한다면, 독일, 스페인, 영국, 프랑스 등 50여 나라가 이 제국에 속해 있었다. 나라가 기울기 시작하며 군 출신 지도자는 그들의 실책을 글로 실리지 못하게 하고 그들의 업적을 칭송만하는 것만 발표하게 했다. 그런 상태에서 1,000여 년을 버티어 나가다가 14세기에 동 로마제국을 마지막으로 역사의 뒤안길로 접어들었다.

인류 역사상 지금 미국처럼 부를 누리고 인간의 기본법이 보장된 사회는 찾아볼 수가 없다고 한다. 신문에 기고를 한 매든 교수는 지금 미국을 로마에 비교하더라도 정부의 시책을 비난하는 것이 모든 일이 잘될 때이며 태평성대를 누렸을 때라고 한다. 모든 것이 잘되면 지루

함을 벗어나려고 작가들이나 당대를 대표하는 지성인들이 극단적인 비난을 한다고 한다. 정작 칭송을 할 때 망하기 시작한다고 한다. 미국에서는 아직 칭송의 소리가 없으니 그의 말대로 걱정할 사태는 아니라 한다.

증권시장이 매일 하락하고 휘발유 값이 급등하고 서브프라임 모기지 때문에 주택시장이 말이 아니다. 이외에도 이란과 아프카니스탄 두 나라에서 전쟁을 치르고 있어도 미국은 견딜만 하다고 한다. 칭송할 때 망하기 시작한다고 하는데 아직 그런 일은 없으니 역사적으로 정치와 경제력을 비교할 수 있는 로마의 예를 보아도 1,000여 년은 쉽게 버티어 나갈 수 있다고 하며 아직은 걱정할 때가 아니라고 한다.

좀 맹랑한 이야기처럼 들리기도 하지만 자세히 읽어 보면 이 역사학자의 주장도 일리가 있다. 역사의 일들을 거울 삼아 오늘을 열심이 살 때 1,000여 년의 앞날도 설계할 수 있겠고 그 다음에 오는 역사학자도 로마제국과 미국의 예를 들며 이야기할지 모르겠다. 그래서 역사 속에서 우리는 배우고 그리고 역사는 되풀이되는가 보다.

진주만 공격

12월 7일은 69년 전 일본이 진주만을 공격하여 미 해군 태평양 함대에 엄청난 피해를 주고 미국으로 하여금 전쟁에 개입하게 한 날이다. 루스벨트 대통령은 이날을 미국의 가장 치욕적인 날이라고 하며 군 동원령을 내리고 지금까지 유럽전쟁에 방관적인 자세에서 적극적인 자세로 탈바꿈을 하였다.

미국 본토 공격을 두려워한 나머지 군사령관의 이름으로 10만이 넘는 일본계 시민들을 수용소에 감금했다.

당시 차별 속에서도 미국을 조국으로 알던 2세들의 실망과 미국에 대한 배신감은 적지 않았다. 이들은 나름대로 수용소 안에서 커뮤니티를 형성하고 학교를 운영하였는가 하면 주일에는 예배도 드렸다. 미국에 대한 실망도 컸지만 2세 위주로 구성된 일본계 시민연합회(Japanese American Citizens League)에서는 그들이 겪는 과정은 일시적이고 미국에 대한 충성심은 변함이 없으니 전쟁 대열에 동참하자며 군대에 지원하였다. 일본 교민 단체 지도자들은 연방 형무소에 수용되고 그들의 자녀들은 전쟁수행을 위하여 전선에 보내지는 아이러니도 있었다.

이들은 유럽전쟁에 배치되어 미군역사의 전설적인 4 42/100 전투 부대가 되었는가 하면 특공대로 또는 정보담당으로 태평양 전쟁에 투입되었다. 이들 때문에 태평양 전쟁 종식이 여러 해 앞당겨졌다고 후일 군 지휘관들은 지적한다.

적성국 시민이라 하여 수용소에 격리된 일본계는 전쟁 중의 그들의 미국에 대한 충성심이 인증되어 전쟁 끝나기 전에 수용소가 해체되고 그들은 새로운 삶을 찾아 미국 각지에 뿔뿔이 흩어졌다. 그들의 커뮤니티로 돌아간 사람들도 있지만 많은 사람들은 다른 곳에 정착했다. 따라서 이민 일 세가 구축한 '니혼마치'는 관광명소가 되는 것 이외에는 커뮤니티로서의 기능을 상실하기 시작했다.

역사학자들은 유럽이민들이 시간이 지나며 정체성을 잃고 완전한 미국사람이 되어가는 모습을 일본계에서도 본다고 한다. 이들을 미국사회에 가장 동화가 잘된 아시아인들이라고 한다. 따라서 일본계 육군 참모총장이 있었는가 하면 상원의원, 하원의원, 연방정부 장관급 등 그들의 활동상황은 두드러진다.

이렇게 불행한 과거를 성공적으로 바꾸어 놓은 사람들이 있는가 하면 적성국 시민이라 하여 수용소에 보내져 입은 마음의 상처 때문에 사회 그늘에 살던 사람도 적지 않다. 내가 아는 N씨는 1930년에 모데스토의 농가에서 태어났고 일본 외가에 보내져 중학교 과정을 마쳤다. 수용소에서 미국에 대한 충성서약을 거부했고 군 징집에도 응하지 않았다. 그런 경력 때문에 수용소에서 나와서도 제대로 일을 찾지 못하고 오클랜드지역 백인 집에서 하우스 보이 등을 하다가 일본 음식을 배우기 시작했다. 나이 든 동업자와 함께 피셔맨스 워프에서 도꾜 스키야키라는 일본식당을 개업하여 당시 일본에서 귀환한 장병들로 문전성시를 이루었다.

당시 샌프란시스코에서는 가장 규모가 컸고 성공한 일본식당이었다. 일본 왕세자였던 지금 왕이 미국 방문 때에 찾아왔다는 곳이다. 외모가 수려했던 그는 1955년 미스 재팬과 중매로 교제했다. 미국에 대한 충성 서약을 거부하여 시민권을 상실한 그는 일본 방문이 어려웠으나 우여곡절 끝에 결혼을 했다. 비지니스도 잘 되었는데 바뀌는 시대에 적응치 못하고 40여 년 운영하던 식당 문을 닫았다. 항상 수용소 생활을 수치스럽게 생각했다. 그는 일본으로 영주 귀국해서 지금 적은 규모 식당을 경영한다고 한다.

조국에 배신을 당했다고 한평생을 주변 사회에서 맴돌다간 N씨를 이민의 한 사람으로 생각하게 한다. 그리고 전쟁을 속죄하는 마음으로 지난주에 재팬타운에 벚꽃을 심는 일본 총영사의 마음도 헤아리게 하는 그런 날이었다.

교회의 정치참여

이제 얼마 후에 있을 대통령선거에 온 국민의 시선이 집중되고 있다. 민주당의 오바마는 여유 있게 선거에 대처하는가 하면 매케인은 조급한 모습을 보이고 있다. 양 후보를 지지하는 여러 단체 중에 이번 선거에는 교회참여가 두드러지게 나타난다. 그중에도 보수파 교회와 교인들 사이에서는 매케인을 지지하는 수가 늘고 있다. 어떤 교회에서는 설교 시간에 목사가 매케인이 꼭 당선되어야 한다고 강조한다. 그리고 공화당후보를 꼭 뽑아야 되는 것이 성서에 있다고 성경을 들먹인다. 흑인 노예제도 타당성이 성경에 있다고 이야기한 200여 년 전 일이 생각나게 한다.

비영리 단체 특히 종교 단체가 특정 후보를 지지하는 정치행위를 연방세법에서 금지하는데도 이를 아랑곳하지 않고 주일 강단에서 피치를 올리는 목회자가 늘어난다고 한다. 애리조나에 근거를 둔 얼라이언스 디펜스 펀드(Alliance Defense Fund)는 정치 활동하는 목사들을 변호하는 기구다. 이들은 연방세법의 정치금지조항은 언론의 자유를 침해하는 행위라고 하며 법적 대응을 하고 있다. 대부분의 목사들이나 세법 전문가들은 적법성을 무시하고 정치 목사들을 부추긴다 하며 이 변호 기구를 비난하고 있다. 그리고 이 단체의 구성원들을 위법혐의로 조사해야 된다고 이구동성이다. 일부에서는 이 위법 행위는 열세에 몰리는 매케인을 돕는 방편에 이용되고 있다고 비난도 한다.

현재 미국 전역에 33여 명의 목사가 세법을 무시하며 공화당을 돕고 있으며 주일날 정치활동을 강단에서 계속하고 있다. 이들은 민주당 후보가 동성결혼을 지지하고 낙태를 허용한다고 비난하고 있고 지금 전 미국이 겪고 있는 경제의 어려움도 이들 때문이라고 퍼붓는다. ≪월스트리트≫ 9월 29일 기사에 의하면 이번 선거에 오바마는 찍지 말아야 된다며 아멘으로 설교를 마치는 교회도 있다고 한다. 어떤 목사는 설교시간에 정말 기독교인이라고 한다면 하나님을 거역하는 민주당 무리들에게 표를 줄 수 있느냐는 극단적인 화법도 쓴다고 한다.

그동안 침묵을 지키던 세법학자들도 이들의 탈법행위에 반기를 든다. 오하이오 법과대학장인 도널드 토빈은 국세청(IRS)은 이제 더 탈법을 보고 있을 수 없는 경지에 이르렀다고 하며 적절한 조치를 취해야 된다고 한다. 이는 비영리 단체 허가를 취소하는 것이다. 그리되면 이들은 영리단체가 되며 주일 헌금에서 경비 제하고 남는 액수에 세금이 부과된다. 엄청난 세금이 될 수도 있고 지금 목회자가 사용하는 사택도 과세 대상이 될 수 있다. 교단에 속해 있지 않는 교회는 그들 혼자서 비영리 허가를 잃어도 그들 개체 교회 문제가 되지만, 교단에 속해 있는 교회는 한 교회 때문에 전체가 영향을 받을 수도 있을 것이라고 세법 전문가들은 우려하고 있다. 지금 매케인을 지지하는 목사 중에 몇 주류 교단에 속한 사람도 여럿이라고 하며 귀추가 주목된다.

이번 선거를 맞아 우리도 주위를 살펴보아야겠다. 우리도 알게 모르게 교회에서 선거를 하고 있지나 않은지. 목회자들도 본의 아니게 어떤 특정 후보를 지지하는 설교를 하고 있지는 않은지. 그래도 하느님을 만나 뵙는 예배처소인데 정부 기관에서 그렇게 심하게 하지는 않을 것이라는 안이한 생각은 금물이다. 연방 세법이 적용되기 시작한 70여 년 동안 여러 종교단체가 비영리 허가 취소받고 얼마를 견디지 못하여 문을 닫는 경우를 많이 보아 왔다. 최근의 경우는 텔러 에반젤리스트 짐과 태미 베커 목사 부부가 파산하는 과정을 보아왔다. 종교와 정치는 손을 잡지 말아야 한다.

02 아름다운 내 조국

아름다운 내 조국 / 탐 존스

포춘 쿠키 / 이런 미국사람

중국 문화와 우리 / 오클랜드 추수 감사절

내 고장 자랑

아름다운 내 조국

그레이스라고 하는 흑인 부동산 중개인을 알고 지낸 지 여러 해가 된다. 근래 부동산 경기에도 그는 영향을 받지 않고 사업은 계속하여 번성하고 있다. 그의 활동 무대는 백인 지역인 월넛 크릭, 알라모, 댄빌 등이다. 피부 색깔과 상관없이 그의 해박한 부동산 지식과 놀라운 고객관리가 성공의 비결이라고 한다. 그는 어렵게 남부에서 자라다가 캘리포니아의 대학을 마치고 부동산업계에 뛰어들었다. 목소리가 고운 그는 교회에서 성가대도 하고 또 지역 사회를 위한 헌신은 우리가 주위에서 보는 전형적인 미국사람이라 할 수 있다. 가끔 인종문제가 나오면 어깨를 으쓱하며 가정부였던 할머니와 백인 주인 사이에서 어머니가 태어났으며 그의 증조부는 노예였다고 이야기한다. 백인 위주인 미국에 대한 나의 물음에도 어려서는 반감도 가졌지만 지금은 그런 생각이 없다고 담담하게 이야기한다.

내가 그를 처음 만난 것은 어떤 비즈니스 모임에서이다. 회원들은 이 모임을 통해 고객을 소개받고 서로가 서로를 돕는다고 한다. 이 모임은 각 직종에 한 사람 이상은 가입 할 수 없고 18명이 되어야 창립이 된다. 3년 전에 지회 창립을 했고 현재는 47명 회원인데 50명만 되면 신규 회원은 더 받지 않는다. 그가 초대회장을 하고 다음 회장은 은행 부행장이었다. 은행 부행장이 회장을 계승하면서 내가 부회장이 되었다. 차기 회장은 내 순서였는데 내 사업체와 대학 교수 일이 바빠서 가까운 동료한테 회장직을 넘겨주었다. 회장 일을 넘겨주고는 그렇게 편할 수가 없고 또 평회원을 하니 마음의 부담도 덜하기도 하다.

오클랜드, 버클리, 알라메다 지역에는 7개 지회가 있는데 우리 지회가 가장 활발하여 상도 여러 번 받았다. 이렇게 되기까지는 초대회장을 지낸 그레이스의 끊임없는 노력이 있었다. 당시 그녀는 이혼한 다음 틴에이저 아들의 교육과 사업에 전념할 때였다. 그때 15세 되는 아들의 말썽 때문에 회의하다가도 학교까지 뛰어가서 문제를 해결하곤 했는데 주위 회원들의 도움을 받으며 그녀는 아들과의 위기도 여러 번 넘겼다. 나중에 안 일이지만 아슬아슬한 순간도 많았던 모양이다. 월넛 크릭에 사는 전 남편과 상의도 하며 살얼음 위를 걷는 그런 생활이었다고 한다. 어떤 때는 부스스한 얼굴로 매주 하는 회의에 참석했다. 그러다가 재혼도 했고, 사업을 하며 새 가정에도 충실했다. 또한 그녀는 아들에게 소외감을 주지 않으려는 모습도 보였다. 시간이 지나 그녀는 모든 것이 잘 되어 가는지 활발한 모습을 되찾았다. 후에 안 일이지만 새 남편의 헌신적인 노력에 큰 힘을 얻어 틴에이저 아들은 학교 공부를 전념할 수 있었다고 했다.

각 회원이 자기소개하는 지난주 회의 때였다. 그동안 여러 회원에게 감사하다고 하며 그 말썽 많던 아들이 오늘 고등학교를 졸업하고 대학에 진학한다고 했다. 그 우여곡절을 아는 우리 모두가 박수를 쳤다.

그녀는 감사의 노래 한 곡을 해야겠다고 한다. 독실한 기독교 신자인 그녀가 좋아하는 〈어메이징 그레이스〉를 우리는 기대했다. 하지만 그녀는 미국 사람들에게 애국가에 버금가는 〈America, the Beautiful(아름다운 내 조국)〉을 열창한다. 숙연해지는 순간이었다. 그동안 받은 감사와 자기 아들을 지켜주고 길러준 이 나라에 눈물을 흘리며 노래로 답을 한 것이다. 하나님의 섭리로 자연의 부를 누리게 하고 아름답고 풍요함을 가져다 준 내 조국을 위한 그런 가사다. 노래가 끝나자 우리 모두는 일어나 기립 박수를 보냈다. 참 감격의 순간이었다.

다른 나라에서는 이런 모습을 보기 쉽지 않았을 것이다. 어쩌면 체면을 차리는 곳에서는 유치하다고도 생각할 수도 있겠다. 부유하게 자라지도 못했고, 자라며 흑인이라 심한 차별도 받았었다. 비뚤게 나갈 소지가 충분한데도 역경을 견뎌내 〈아름다운 내 조국〉을 부른 그녀가 자랑스럽게 보인다. 이런 사람들이 우리 주위에 있는 한 미국의 번영은 계속될 것이다. 이렇게 나는 매일 미국을 배우며 산다.

탐 존스

1960년 중반에 한국사람 치고, 〈딜라일라〉를 모르는 사람은 거의 없을 것이다. 더구나 그의 노래를 조영남 가수가 우리말로 불러 더 알려졌다. 당시 군사 혁명과 함께 시작한 박정희 대통령의 경제개혁과 함께 '잘 살아 보세' 하는 국민의 뜻이 팽배한 시기이었다. 사회 전체가 월남전쟁 붐으로 들떠 있을 때였고 한국전쟁 이후에 가져보는 생소한, 활발한 거리의 모습이었다.

그때 서울에서 느닷없이 탐 존스의 음악이 선을 보기 시작하고 폭발적인 인기를 얻었다. 그러지 않아도 감미롭고 애수적인 팝송에 익숙하던 그때 그의 정열적인 가창법이 이제 막 자립 경제로 뻗어 나가려고 하는 우리에게 활력도 불어넣어 주지 않았나 하는 엉뚱한 생각도 해보았다. 그의 목소리가 하도 특이해서 얼굴을 보기 전에는 그를 흑인으로 착각하게도 했다. 그의 음악 장르는 퍽 다양하였다. 때로는 당시에 유행하던 로큰롤도 있었지만 심금을 울려주는 컨트리 웨스턴도 있었다.

지난 30여 년 동안 그의 특유한 노래는 이제 나이 70을 맞으며 새 모양으로 변화를 한다고 한다. 그는 지금이 있기까지 그의 정열적인 열창으로 시나트라 등 여러 대가들한테 칭찬을 듣기도 했고, 그의 음성은 영성이 깃들었다는 평을 받기도 했다. 그러던 그가 마할리아 잭슨 등 흑인 가수들이 부른 〈Praise and Blame〉이라는 가스펠을 부르게 되었다고 최근 언론에 보도되었다.

그렇지 않아도 그의 음악은 가스펠과 로큰롤을 합친 음악이었다고 했는데 존스의 음성은 가스펠만 부르기에 적합지 않다는 평이 있어 음악 애호가들에게는 더 관심을 끌고 있는가 보다. 세월이 흐르며 그의 목소리가 변화하기 시작했다.

이제는 정열적인 로큰롤을 부르는 목소리에서 구수한 바리톤(smoky baritone)으로 바뀌며 가스펠 부르기에는 적절한 목소리가 되었다고 한다. 엘비스 플레슬리 생전에 라스베이거스 스튜디오에서 같이 가스펠을 부를 기회가 있었는데 그 방향으로 나가라는 엘비스의 권유를 존스는 따르지 않은 적도 있었다고 한다.

엘리자베스 영국 여왕으로부터 2006년에 기사 작위를 받은 토머스 존 우다드경(탐 존스의 본명)은 영국 영토인 웨일스에서 자랄 때 흑인 영가를 접하며 그것이 흑인 노예들의 음악인지 모르고 즐거워하였다. 그때까지만 해도 그의 목소리는 가스펠 스타일이 아니라며 그가 그렇게 좋아하던 음악을 피하곤 했다. 자기는 로큰롤과 부기우기가 곁들인 컨트리 웨스턴이 좋다고 하며 그런 유의 노래를 부르곤 했다. 그리고 그의 음악에서 블루스는 빠질 수 없는 요소이기도 했다.

우리에게 잘 알려진 〈green green grass of home〉 등이 그의 전형적인 음악이었으며 가창법이었다. 이제 나이가 들며 자기가 그렇게 좋아하던 음악을 하겠다고 한다. 그의 인생에 큰 변혁을 남들은 은퇴할 나이에 결정한다. 이제 생각을 하니 1960~70년대에 그는 흑인 앞으로 머리를 하고 배꼽까지 드러낸 셔츠와 다리에 꽉 끼는 바지를 입고 열창하던 모습이었다. 그러던 그가 얼마 전 작은 밴드와 함께 바리톤으로 가스펠을 부를 때 관중들은 숨도 멈추듯이 그의 흑인 영가에 매료되었다.

그는 가스펠이 자기에게 주어지는 영감만큼 관중도 느낀 것 같다고 공연이 끝나며 이야기했다. 나이가 들었다고 하지만 아직도 그의 인기는 대단하다. 그의 끊임없는 노력으로 나이가 비슷한 내 또래나 젊은 이들을 위한 새 장르를 열고 있다. 〈딜라일라〉가 좋아서 흥얼거리며 어려웠지만 우리 모두 희망을 갖고 살던 1960년대가 생각이 난다.

탐 존스는 아마 알맞은 때에 우리에게 소개되었던 것 같다. 그의 음악과 함께 우리의 장래를 꿈꾸며 국민에게 주어진 의무를 마치고 나는 유학길에 올랐다. 그리고 강산이 여러 번 바뀌었다. 계속에서 새로 태어나는 그를 보며 나도 다시 태어날 어떤 구실을 만들어야겠다고 다짐한다.

포춘 쿠키

중국음식 먹고 나면 꼭 나오는 포춘 쿠키가 생소하기도 했지만 먹을수록 배어나오는 셈베 맛에 향수도 느낀다. 먹을수록 나는 일본식 과자 맛이 유치원 다닐 때를 생각나게 한다. 쿠키를 깨면 작은 글씨로 쓴 하루의 운세를 보게도 한다. 캘리포니아 로토처럼 무작위로 뽑아 놓은 숫자가 5개 나열돼 있기도 하여 도박꾼의 마음을 설레게도 하였다.

중국과의 교역이 늘어나며 불어 닥친 문화 덕에 중국어에 관심을 갖게도 한다. 포춘 쿠키 속에 든 중국어 단어가 발음표와 함께 들어 있어 새로운 말을 공부하기에 안성맞춤이기도 하다. 구글에서 위키피디아 검색을 하니 포춘 쿠키는 미국이나 캐나다에 있는 중국음식점에서 저녁식사 다음에 후식으로 내놓는 과자의 일종이라고 자세한 설명이 있다. 과자를 만드는 원료는 일본 셈베 과자와는 좀 다르지만 원형은 그대로 유지한다고 한다. 일반적으로 아시아 이민들이 미국에 이주하며 갖고 온 것이라는 설에는 모두 이의를 제기하지 않는다.

포춘 쿠키와 비슷한 모양인 일본 교토의 '오미꾸지'라는 과자가 있기는 하다. 이는 주로 복을 빌러 오는 사람들이 이용한 것이라고 한다.

하지만 모양이나 재료도 우리가 알고 있는 포춘 쿠키와는 다르다. 복을 담은 작은 종이가 과자 사이에 끼어져 있어 비슷하지만 우리 것과 같이 과자 속에 들어 있지는 않다.

모양은 좀 다르지만 포춘 쿠키의 원조는 당연히 일본이라고 일본계들은 주장한다. 어쩌면 틀리지 않는 말이기도 하겠다. 아무튼 이 일 때문에 상항과 나성의 일본커뮤니티와 중국커뮤니티 사이에 종주권을 주장하느라고 모의재판까지도 했다. 세월이 지나면서 일본의 오미꾸지의 주장이 거의 받아들여지고 있다. 중국 사람들은 이를 '복점병'이니 '행복병간'이라고도 부른다. 이름도 세월이 지나면서 'Fortune Cooky'에서 'Fortune Cookie'로 바뀌어지기도 했다.

일본사람들이 제2차세계대전 때 수용소만 가지 않았더라면 그들이 종주권을 유지하였을 텐데 상권을 쥐고 있던 중국 사람들에 의하여 완전히 중국과자로 탈바꿈하였다. 20세기 초까지만 하더라도 손으로 만들던 포춘 쿠키는 기계가 발명되며 대량생산 되어, 값도 내리며 중국음식점에 대량공급이 되기 시작됐다. 이 기계발명은 '석이'라는 오클랜드 중국 사람이 발명한 것이다. 하지만 우리가 이 기계의 원산지에서 살고 있는 셈이다. 지금까지도 잘 알려지지 않은 이야기다.

에이미 탠이 쓴 ≪The Joy Luck Club≫ 소설에 포춘 쿠키에 관련된 재미있는 이야기가 있어서 미국사람들에게 더 잘 알려지는 계기가 되었다. 많은 사람들이 과자 속의 행운 자체를 믿는 게 아니고 재미로 읽지만 나름대로 읽는 순서와 방법이 있다고 한다. 어떤 경우는 대충 봐서 과히 좋지 않으면 읽지 말라고 하는 사람이 있는가 하면, 쿠키를 먹고 난 다음 포춘을 읽으라고도 한다. 어떤 사람들은 먹기 전에 읽어야 한다는 등 여러 가지 주장이 따른다. 그 이외에도 큰소리로 읽으면 복을 쫓아낸다고도 하고, 이 쿠키를 고를 때 눈을 감고 기도하는 마음으로 골라야 된다고 한다. 눈을 뜨고 고를 때는 뾰족한 끝이 자기에게 향한 것을 집어야 한다. 이렇게 복잡한 사연이 있는지는 나도 모르는 이야기였다.

마치 미국 사람들한테는 흔히 그들이 이야기하는 야구와 애플파이(baseball and mom's apple-pie)처럼 포춘 쿠키가 미국물건으로 되어 가고 있다. 그리고 Made in USA 포춘 쿠키가 홍콩에 수출되어 고급식당에서 후식으로 제공된다고 한다. 200여 년이 넘는 미국역사에 외국문물을 들여다가 완전이 미국 것으로 토착시킨 경우를 우리 주위에서 흔히 보게 된다. 어떤 경우에는 포춘 쿠키처럼 개량하여 본고장으로 역수출 하는데 아직 일본으로 간다는 이야기는 없다.

나는 중국 음식 후에 나오는 이 과자를 먹으면서 어린 시절과 고향을 생각한다. 영락없이 내가 어려서 먹던 셈베 맛이다. 얼마 전 아내와 잘 가는 중국집에 가니 쿠키가 떨어졌다고 하여 여간 섭섭하지 않았다. 어쩌면 포춘 쿠키가 지금 미국에 사는 나와 어린 시절의 나를 연결하는 매체인지 모르겠다. 금년에는 한국이 통일된다는 포춘을 기대하고 다음 주에 단골집에 가야겠다고 다짐도 한다.

이런 미국사람

얼마 전 친구 몇 사람과 한국식당에서 오랜만에 점심을 할 기회가 있었다. 외지에서 온 세 사람이 점심을 하며 고향 이야기를 시작했다. 나는 러시아가 멀지 않은 함경도 출신 한국 사람이고, 백인 친구는 뉴햄프셔에서 출생하여 남부에서 살다가 여러 해 전에 오클랜드에 정착했다. 그리고 부동산 브로커인 다른 친구는 남부럽지 않은 사업체를 갖고 있는 기업인이다.

노스캐롤라이나가 고향인 이 흑인 여자는 두 번째 결혼이지만 행복한 가정을 갖고 있다. 그는 매년 고향에 가서 패밀리 리유니언을 하는데 이제는 직계 가족만 150명이 모여 잔치를 한다고 자랑한다. 그 일대는 〈바람과 함께 사라지다〉에서 볼 수 있는 플렌테이션이 있는 곳이고 목화재배가 주 농작물이라고 한다.

그녀의 가족은 그곳에서 몇 백 년은 살았다고 한다. 남북전쟁에 관심이 많은 나는 19세기의 정치와 사회상을 이야기하다가 흑인 문제로 대화를 옮겼다. 당시 미국의 200만의 흑인 인구는 대부분이 남부농장의 노예였다. 그중에 10%인 20만이 북군에 지원입대하였다. 인종 차별을 받으면서도 용감하게 전투를 하여 북군 승리의 일익을 담당하였다. 어떤 때에는 북으로 탈출한 노예가 북군이 되어 예전 노예주를 체포하여 북군에 이첩하기도 했다. 북군의 승리를 보던 남군도 로버트 리 장군 휘하에서 흑인 노예들을 군대에 받아들이려 했지만 주위의 반대와 흑인들의 참여도가 높지 않았다. 그냥 지나가는 이야기로 당신의 조상은 전쟁 당시 북군에 지원했느냐고 물었다.

한참 있다가 고개를 흔들며 자기는 잘 모르겠다고 하며 자기 가족의 비밀을 털어놓는다. 자기 형제가 14명이라고 한다. 어머니가 13세에 자기를 낳았다고 한다. 당시만 해도 많은 남부 흑인들이 노예에서 해방은 되었지만 백인의 소작농으로 남았다. 백인 집안에서 일을 하는 하인들은 백인과 혼혈인, 피부가 흰 흑인이었다. 그들은 주인집 백인 남자와 흑인 하인 사이에서 낳은 사람들이고 성도 주인 것을 따르는 게 관례였다. 자기 어머니는 할머니와 함께 하인이었다. 할머니는 자기 아버지가 누구인지 세상을 떠날 때까지 밝히지 않아서 어린 마음에 상처를 주었다고 한다. 자기 흰 피부색 때문에 아버지가 백인이었을 거라고 막연히 알고는 있었다. 정작 아버지가 누구였냐는 우리 물음에 자기 어머니가 일하던 집주인이 아니겠느냐고 너무 당연하게 이야기한다. 이런 일이 남부에서는 비일비재했다.

이제는 세상을 떠난 남부 인종우월주의자의 상징이었던 스트롬터먼 상원의원도 흑인 하녀와의 사이에 딸을 둔 게 그가 세상을 떠나기 전에 밝혀져 우리를 놀라게 했다. 아직도 흑인 가정은 대부분이 여자가 이끌고 있다. 흑인 남자들은 가장으로서 역할을 노예 때 잃어버렸다고 한다. 가족이 노예로 팔려갈 때 그리고 노예주한테 자기 아내나 딸이 겁탈당할 때 그들을 보호해주지 못하는 비굴한 생활에서 오는 무기력함이었을 것이다.

이런 분노가 1960년대에 민권운동과 함께 백인사회와 대결하는 흑인 운동으로 번지고 있었다. 참 어두운 미국역사의 한 면이다.

그리고 우리는 점심을 다하고 그녀를 다시 보았다. 그녀는 잘 알지도 못하는 아버지를 그리워했다고 한다. 우리 상식으로는 도무지 할 수 없는 이야기를 그녀는 한다. 전주이씨 누구 파의 몇 대 손이라고 어려서부터 귀가 닳도록 들은 나에게는 조상이 누구인지 모른다는 게 그저 놀랍기만 하다.

마음속에 담지 않고 가정의 어두운 이야기를 나누며 담담하게 받아들이는 대범하고 긍정적인 면을 그녀한테서 본다. 이런 면이 용서와 화해로써 이 사회를 이끌고 가는 원동력이 아닌지 생각하게 한다. 그리고 우리는 다른 문화의 사람들과 어울려 옛것은 뒤로하고 내일의 사회를 만들어 나가는 일에 한몫을 하여야겠다.

중국 문화와 우리

일본을 앞지르고 명실공히 전 세계 경제의 두 번째로 오른 중국 영향이 미치지 않는 곳이 없다. 워낙 베이 에어리어는 오래전부터 중국 사람들이 거주하며 나름대로 중화 문화권을 형성한 곳이다.

샌프란시스코 차이나타운이 관광단지로 유명하지만 문화적인 것으로는 그리 자랑할 만한 곳은 되지 못했다. 더구나 광동 출신 이민들로 형성된 곳이어서 상업어인 광동어가 사용되고 북경어는 그리 사용되지 않다가 중국과 대만과의 교류로 양상이 달라지고 있다.

미국 출신 중국인 자녀들을 위한 중국어 교습 이외에도 얼마 전만 해도 백인학생들이 중국 학교에 등록한다는 것은 생각할 수 없었는데 이제는 중국사립 학교에 눈을 돌리는 백인 부모가 점차 는다. 방과 후의 대안 학교가 아닌 정규과목으로 영어와 중국어를 가르치고 있다. 일 년 학비도 2만여 불 하며 입학하기가 수월하지 않다고 한다.

이런 '이멀션' 중국어 프로그램이 비중국계 학생들로 하여금 중국문화를 알고 언어를 자유자재로 구사케 한다. 참 대단한 교과과정이다.

백인들의 정신적 고향인 유럽을 제쳐놓고 아시아에 눈을 돌리는 부모의 수가 많다. 백인학생들의 중국어 구사는 중국계 학생들과 다름없다고 한다. 이렇게 교육받고 자란 사람들이 미국의 국제정치나 외교에 지도자로 급부상하고 명실공히 코스모폴리탄이 되어간다.

중국어를 완벽히 구사하는 경력을 인정받아 중국 대사로 발탁된 한 백인 외교관이 있다. 그는 몰몬교 선교사로 대만에서 선교하며 중국어를 공부했다. 그는 아시아계를 제치고 중국통으로 미국 사회에서 인정을 받았다.

그 이외에도 우리에게 한국정치학자로 알려진 로버트 스칼라피노 박사도 실은 제2차대전 당시 중국어 담당 장교로 미 해군에 종군했다. 이렇게 우리 일상생활에 오랫동안 영향을 준 중화 문화를 '이멀션' 프로그램을 통하여 다른 모습으로 보게 된다.

이웃 중국은 우리에게는 참 가깝고 먼 나라다. 우리 조상들의 생활과 사고는 중화사상에서 크게 벗어나지 못했다. 왕이 바뀌면 북경의 허락을 받아야 했고 독립된 국가의 왕조라 해도 일거수일투족을 그들의 통제를 받았다. 역시 언어나 문화자체도 그들의 영향에서 벗어나지를 못했다.

아마 일본을 거쳐 들어온 서양 문화가 아니었으면 문화적으로 아직도 그들의 굴레를 벗어나지 못했을 테고 우리는 소중화로 중국식 교육에 익숙했을 것이다.

일본의 통치를 받으며 우리는 중화사상에서 벗어나고 일본식 한문을 쓰기 시작했다. 어떤 식의 한문이었던지 중국어는 우리에게 라틴어였을 것이다. 그래서 한국에서 한자를 완전히 폐기한다고 했을 때 나는 이의를 제기하곤 했다. 어쩌면 19세기에 유럽 여러 나라들이 라틴

문화권에서 벗어나려는 그런 역사를 우리도 겪었다.

나는 이곳 사람들과 이야기할 때 유럽언어의 근원인 라틴어를 배워야 하는 것처럼 중국어는 우리에게 그런 언어라고 한다. 한국전이 끝난 몇 년 후 어떤 대학생을 만났다. 당시 그리 인기가 없던 외국어대학 중국어과를 다니던 학생이었다. 자기가 왜 중국어를 공부하게 됐는지 퍽 야심차게 이야기하던 기억이 난다.

그는 우리의 역사를 알기 위하여 중국어를 공부한다고 했다. 그의 말이 하도 고무적이어서 중국어를 독학하려는 생각을 잠시 해 본 적이 있었다. 나는 한문을 공부하면서도 그것이 중국 글이라고 생각한 적이 없다. 그리고 이곳에서 자주 만나게 되는 중국 사람들과 한문이 우리 글도 될 수 있다고 이야기도 한다. 우리의 역사와 고전을 알려면 한자를 알아야 된다고 한자를 모르는 젊은 세대에게 때로는 강조한다. 이렇게 우리는 한자 문화권에서 자라며 우리의 입지와 학문적인 주체성을 생각한다. 미국에 살면 자연히 한자와 단절된 생활을 하리라고 했는데 주위에서 한자와 중국문화를 접하는 생활을 오래하고 있다.

일본이 여과 없이 받아들이는 그런 새로운 모습이다.

우리는 지난 역사의 잘잘못을 따지기 전에 세계 속에서 우리를 바라보며 여러 문화를 같이 포용하는 그런 지혜를 가져야 되겠다. 다른 문화와 함께 중국문화도 객관적으로 받아들이고 말도 배우는 그런 마음의 자세다.

오클랜드 추수 감사절

지금부터 12년 전 일이다. 내가 이스트베이 상공회의소 회장할 때 회원 중에 한 사람이 오클랜드 시당국에서 우리에게 협조를 구한다는 이야기를 했다. 지난 5년 동안 하고 있는 무주택자와 저소득층을 위한 추수 감사절 만찬을 도와달라고 한다. 여러 가지 요청 중에 음식 준비하는 경비, 추위에 시달리는 홈리스를 위한 담요와 겨울옷들도 더불어 필요하다고 한다. 평생을 홈리스로 지낸 사람들도 있지만 직업을 잃고 졸지에 길에 내 몰린 사람들도 있다. 월남전에 참전한 예비역도 적지 않은 숫자다. 이들을 위하여 오클랜드 시 사회 복지국(Human Service Department)은 여러 해 동안 오클랜드 스카티쉬 라이트 홀을 빌려 추수 감사절 이틀 전 화요일에 시 각지에서 온 홈리스와 저소득층에게 따뜻한 음식을 제공한다. 우리 상공회의소 임원들과도 회의를 하여 돕기로 했다.

우선 우리는 커뮤니티에 호소하기 시작했다. 우리와 가까운 한국 출신 화교한테도 부탁하여 첫해인 1998년에 여러 곳에서 10,000불을 성공적으로 모금했다. 낼만한 사람들과 단체에 호소도 했는데 보기 좋게 거절당하기도 했다. 화교 단체에서 2,000불 기부를 시작해서 어떤 개인 독지가의 2,000불부터 몇 십 불 등 어렵게 모은 기금이었다. 교회에서도 적극적인 참여가 있었다. 참 고맙고 눈물겨운 기부금이었다. 나머지 약 15,000불은 시당국과 그리고 관련된 기관에서 협조가 있었다. 교포 언론매체를 통하여 봉사자를 찾으니 약 150여 명이 등록을 했다. 그들은 북가주 해병대 전우회 회원, 산호세 라이더스 클럽, 이화여대 동문회 등 동포 여러 단체, 교회와 개인들이었다. 연락이 된 오클랜드 시 경찰과 소방대원 그리고 기존에 봉사를 해오던 여러 사람들이다. 같이 일하는 시당국 직원들이 짧은 시일 안에 동원된 우리 동포들의 적극성과 기동성을 보며 입을 다물지 못한다. 이야기가 펴져 나가며 주류 사회 언론 매체에서도 많은 취재를 한다. 한국 사람들이 주가 된 봉사자를 보고 놀라며 기자들의 사진 플래시가 터지며 TV카메라는 바삐 돌아간다.

하지만 여러 가지 곡절도 있었다. 시에서 하는 것으로 알고 음식 하청을 준 사람들이 애를 먹이며 바가지를 씌우려 하였고 그래서 그들을 달래고 야단도 쳤다. 식당 뒷문으로는 요리할 칠면조가 없어지기도 했다. 예전에 많이 그랬던 모양이다. 전에는 시 당국사람들이 별로 감독을 하지 않았던 것 같다. 어떤 홈리스가 변소를 잘못 썼다 하여 건물 매니저가 변소 문을 열쇠로 걸어서 싸움을 해가며 문을 다시 열게 하는 등 순서에 차질이 있었지만 봉사자들에 의하여 음식이 식탁에 서브가 되었다. 접시에 담긴 음식은 훌륭했다. 로스트 터키, 스터핑, 크랜베리소스, 얨(yam)에 살랏과 펌킨 파이 등 어느 가정 못지않은 음식이었다. 음식을 먹고 나갈 때는 행사위원장인 나를 안아주는데 목욕을 언제 했는지 몸에서 악취가 났다. 그러나 여러 사람들과 안고 하다 보니 그 냄새에 익숙해져 별로 냄새를 맡지 못했다. 여흥순서도 참 다양했다. 이스트베이 합창단 공연과 우리 풍물시범, 전통적인 재즈 연주 등 아주 재미있었고 그에 사람들이 많이 열광을 했다. 앞으로 나와서 춤추는 사람들도 있는가 하면 노래를 같이하는 사람도 있었다. 여러 봉사자들이 이렇게 커뮤니티를 위해 일할 기회를 주어서 고맙다고 한다.

한국사람 이외에도 백인, 흑인 그 외 여러 인종 봉사자들이 혼연 일체가 되며 인종의 벽을 허무는 순간을 목격하며 눈시울이 붉어졌다. '아! 이게 미국이다.' 하는 생각이 든다. 이렇게 우리가 여러 인종과 같이 일할 기회가 있었으면 여러 해 전에 있었던 LA 폭동도 미연에 방지할 수 있었을 것이 아니냐고 자문자답을 해보기도 했다. 그때도 이처럼 LA에 흑인과 한국인들의 대화의 창구가 있었으면 엄청난 피해 확산을 방지할 수 있었을 것이다. 처음에는 일을 같이하며 서먹서먹하기도 했고 흑인들의 이상한 눈초리도 의식했다. 무슨 장삿속으로 봉사하는 게 아닌가 하는 태도였다. 이제 여러 해 봉사하니 그렇게 서로 반가울 수 없고 한 형제 같다.

세월이 지나며 오클랜드 중심가에 위치한 Marriott Hotel Grand Ball Room에서 3년 전부터 행사를 한다. 한번에 700여 명씩 세 번 걸쳐가며 2,500여 명에게 음식을 대접한다. 나도 12년 행사 주최하며 예전처럼 싸울 필요도 없다. 약 3시간 동안 직접 사회를 보며 그동안 우리를 도운 고마운 분들께 인사한다. 금년 11월 25일 행사에 벌써 봉사자들의 전화가 걸려오며 기부금이 답지한다. 금년도 전 해처럼 행사를 무사히 치르기를 바란다. 우리가 주류 사회에 이렇게 봉사할 수 있는 기회에 마음이 뿌듯하다. 우리 두 번째 조국 그늘진 곳 봉사에 참여하는 우리 모습이 참 아름답다. 이렇게 하여 우리는 이곳에 뿌리를 내린다.

내 고장 자랑

고향이 따로 없고 내가 사는 곳이 고향이라 하니 마치 유행가 가사 같기도 하다. 어쩌다가 시작한 오클랜드와의 인연이 어언 40여 년이 되어 가고 이 지역에서 일어나는 크고 작은 일에 관심을 갖게 된다. 이 도시에서 CPA인턴 과정을 거치고 시정부 경제 자문 위원 역임과 2005년 3월 5일에는 '이종혁 날'이라고 시당국이 공표하는 등 미국 생활에서 나에게는 큰 획을 긋게 한 그런 곳이다.

그동안은 내 사무실에서 20여 마일 떨어진 월넛 크릭에서 출퇴근 하다가 3년여 전에 메릿 호수가 바라다 보이는 콘도를 구입하여 주중에 이곳에 지내니 이제는 진짜 이곳 사람이 되는가 보다. 그동안 크고 작은 변화를 보아 왔다. 이곳을 강타한 지진과 오클랜드 힐 화재로 2,000여 개 넘는 가옥이 잿더미로 변하는 사건 등이다.

근래에 45년 넘게 ≪오클랜드 트리뷴≫에 칼럼을 쓰고 있는 데이브 뉴하우스의 글을 읽을 기회가 있었다. 그는 그동안 이곳을 한 번도 떠나지 않았다고 한다. 어떤 특별한 이유보다는 그냥 오클랜드가 좋아서 오래 살고 있다고 한다. 때로는 우리가 사는 지역을 선택하지 않고 지역이 우리를 선택한다는 그의 말에 수긍도 간다. 그의 말에 의하면 이곳을 싫어하는 사람들의 비난에 가끔 기분도 상하지만 말할 기회가 있을 때마다 이곳의 좋은 점을 이야기한다고 한다.

오클랜드의 단점은 상항에 비해 범죄가 많다고 하지만 나름대로 잘 이겨 나간다. '주디 갈란드'나 '토니 베넷' 등이 상항을 기린 아름다운 노래에도 불구하고 상항은 여러 가지 문제점을 안고 있다. 변덕스러운 날씨, 거만한 태도, 무능한 시 당국, 범죄와 홈리스 문제로 우리가 생각하는 아름답고 낭만적인 도시만은 아니다.

인종 통계에 의하면 오클랜드는 백인, 흑인 그리고 아시안과 히스패닉이 잘 어울려 산다고 한다. 오클랜드 힐의 아름다움과 주위에 있는 공원을 손꼽고 있다. 그중에도 빼어 놓을 수 없는 경관은 메릿 호숫가다. 호수를 띠로 잇는 Necklace of lights은 그냥 가로등쯤으로 생각할 수도 있는데 높은 곳에서 보는 야경은 참 아름답다. 호수를 감싸는 전등이 여인의 목걸이 같다고 하여 이러한 이름을 1925년에 붙였다.

내가 이곳과 인연을 맺기 시작한 1970년 초만 해도 이 목걸이를 철거한 다음이었다. 1941년 일본의 진주만 공격 이후 그들의 야간 폭격 대상이 된다 하여 소등하고 1985년에 시민들의 기부금으로 옛 영광을 찾게 된 셈이다. 126개의 램프 포스트에 3,400여 개 전등이 달려있다. 이 글을 쓰는 이른 아침에 22층에서 내려다보는 호수는 참 수려하고 한 폭의 그림 같다. 나와 호수와의 관계는 훨씬 이전으로 거슬러 가는데 1980년 초에 '레익 뷰'라는 회원제 클럽 멤버가 되면서였다. 경관이 좋고 클럽의 일품요리 때문에 기회 있을 때마다 그곳을 이용하기도 했다.

뉴하우스는 이렇게 아름다운 곳을 두고 왜 $4씩 톨을 내고 다리를 건너 상항으로 가야 되는지 모르겠다고 한다. 제리 브라운 전 시장의 의욕적인 건설 사업이 결실을 맺고 있다. 아직은 완전히 차지 않았지만 그가 시작한 다운타운 아파트에 서버브 사람들이 오기 시작한다. 그리고 멋진 식당과 나이트클럽 등이 업타운에 속속 자리를 차지한다. 전에는 한적한 거리였는데 이제는 퇴근길에 백인들이 제법 보이기 시작한다.

내 사무실 건물 옆에 있던 SLO(장기투숙 하는 서민 호텔)이 폐쇄되고 약 2년여를 거쳐 대대적인 내부 수리를 한 다음 전국 호텔 체인으로 탈바꿈을 했다. 깨끗한 투숙객들이 드나드니 전체 블록의 분위기가 새롭다. 뉴 하우스의 이야기처럼 나도 우연한 기회에 이곳에 오게 되고 세월이 지나며 떠나야 할 이유를 잃어버렸는가 보다. 나도 이곳에 오래 살겠고 이제 내 고향이 되어간다.

03 미국식 이름

September 26, 2008

Clive

It was so nice to chat with you yesterday and I am glad you are all well. The attached article is about Mrs.Avison, your aunt Ella Sharrocks. I have my own column in the Korea Times, a local Korean language newspaper. The title of the writing is Sa Ai Ra, more Korean than any Korean I know. Sa Ai Ra is your aunt Ella's Korean name.

When we get together next time, I will translate it in English. After the article, the newspaper asked me whether I could write more about her and the Sharrocks family. I told them I could translate your grandparents' book during the Russo-Japanese War.

Now that I have your permission, I will translate the book into Korean and it will be included in the paper in series. As soon as they are in the paper I will send you copies. Let's keep in touch and make sure you stop by my office when you are in the area. I am going to enclose a recent letter from the Ewha Foundation and you can find me in the board of directors list. I will be talking to you soon.

All the Best,

Jong Lee

NUMMI 자동차 공장

이달 초에 25년 동안 GM과 도요타의 가장 성공적인 합작 자동차 생산 공장이 문을 닫았다. 마지막 빨간색의 코롤라가 생산라인에서 굴러 나오자 일하던 사람들의 환호성과 마지막을 아쉬워하는 사람들의 슬픈 표정이 교차하는 순간이었다. 마지막 완성되어 나오는 차를 보기 위하여 합작회사 경영진과 노조 간부들이 도열하여 역사적인 순간을 바라보고 있었다. 일주일 전에는 역시 같은 색의 트럭이 생산라인을 벗어나고 있었다. 특이한 것은 이제 마지막 자동차가 나가고 공장이 폐쇄되면 직업을 잃게 되는 기능공들이 그들이 자랑하는 품질관리를 끝까지 유지했다는 점이다.

20여 년 동안 노사 관계 개선도 있었겠지만 기능공들을 생산 부품으로 여기지 않고 제작자로서 참여케 했던 합작회사의 경영 방침이 크게 마지막을 장식했는지도 모르겠다. 그와는 반대로 1982년에 GM이 문을 닫을 때에는 격분한 노조원들이 마지막 생산 라인을 굴러 나가는 자동차를 박살을 냈다. 1985년에 GM과 도요타가 합작한 NUMMI 회사에서는 끊임없는 생산과정 향상을 통하여 4,000여 명의 직원들과 함께 새로운 기업문화를 이룩하였다. 이는 GM이 1961년부터 1982년 동안 운영체제에서는 볼 수 없던 현상이었다. 양측 회사에서 2억 불씩 4억 불을 투자하여 1985년에 도요타는 NUMMI 플랜트를 미국시장 교두보로 출발과 더불어 미국에 여러 군데 생산 공장을 건설하게 되고 GM은 도요타로부터 품질관리를 위주로 하는 자동차 생산기술을 배우게 됐다.

나도 여러 해 전에 합작회사 부사장인 대학 동창의 안내로 견학할 기회가 있었다. 생산 담당 간부들은 거의 다 일본 사람이고 '가이젠'이라는 표어 아래 매일매일 공정과정을 개선하고 있었다. '가이젠'이라는 글은 우리에게 생소한 일본식 한문이다. 개선이라는 단어에 '사람 인' 변을 붙여 일하는 사람이 끊임없는 향상을 도모한다는 뜻이라고 한다. 이 뜻은 경영진만이 외치는 구호가 아니고 기능공 한 사람 한 사람씩 참여하여 개선하는 과정을 일컫는 것이다. JIT라 하여 꼭 필요한 재고만 주문하는 방식도 아울러 채택하고 있었다. 기능공들을 계속하여 일본 본사에 파견하여 기술을 습득하게 했다.

이런 회사가 작년에 GM이 파산하며 그의 여파로 문을 닫게 되었다. 도요타는 혼자서는 하지 않겠다고 했다. 4,700여 명의 직원들이 직업을 잃게 되었고 미국 전체에 3600여 개의 협력 업체 중에 캘리포니아 1,000개 업체가 타격을 입게 되었다. 마지막 생산라인을 나온 차는 일본의 도요타 박물관에 보내게 되었다. GM 혼자서 운영할 때 21년간 400만 대의 자동차를 생산했고 25년간 합작하며 거의 배가 되는 800만 대를 생산했다.

1970년대 유류 파동 이후에 미국 차 기피 현상이 있었을 때 자동차 생산의 원조인 미국이 일본회사가 오는 것을 달가워하지는 않았을 것이다. 새 회사로 태어날 때 이런 에피소드가 있었다. 기공식에 당시 산호세 출신 노만 미네타 하원의원이 축사를 한 다음 시설을 구경하고 있었다. 그의 연설을 들은 GM회사의 백인 간부가 악수를 청하며 영어를 어떻게 그렇게 잘 하느냐고 하길래 잠시 그를 바라보던 미네타 의원은 F자를 써가며 이런 말도 할 줄 안다고 한 기사가 ≪샌프란시스코 크로니컬≫에 소개되었다. 허브 케인이 그의 칼럼에 써서 그 사건이 일약 유명해지기도 했는데 후에 이 사실을 안 GM 회사 측에서 정식 사과를 했다고 한다.

이제 이 역사적인 공장이 문을 닫았다. 따라서 엄청나게 큰 공장 부지가 다른 모습으로 태어나려고 하고 있다. 공원과 주택단지로 구상되고 있는가 하면 샌프란시스코 다운타운과 맞먹는 규모인 이곳을 상업 중심지로 탈바꿈해야 되겠다는 등 여러 가지가 구상되고 있다. 그 여파가 이스트베이 전체에 영향을 줄 수도 있다고 한다. 프리몬트에 새로 태어날 앞날을 우리 모두 기대한다.

USF 미식 축구팀

지난 5월에 있었던 샌프란시스코 대학교 졸업식 이야기를 읽고 역시 미국이 훌륭하다는 것을 다시 한 번 느끼게 되었다. 11명의 졸업생들에게 명예박사 학위를 수여하는 장면이다. 나이가 모두 75세를 넘은 역전의 용사들인 이들은 감회에 젖어 어떤 이는 기도하는 모습이고 눈물을 흘리는 듯하는 이, 감회에 젖어 앞만 응시하는 이 등 정말 감격스러운 장면이다. 이들은 1951년 USF의 축구팀 'Dons'의 일원이었다. 당시에 모두 48명인데 작고한 사람도 있고 형편상 참석 못한 이도 있고 하여 11명만 참석하게 됐다고 한다.

미 대학 축구경기 시합하는 여러 가지 Bowl중에 1951년에는 미국 남부인 조지아에서 열리게 된다. 인종차별이 워낙 심하던 이때 남부에 여러 대학은 흑인 축구선수는커녕 학생조차 없던 때였다. 당시에 샌프란시스코 대학팀에 흑인 선수 두 명이 있었는데 남부에 있는 시합에 참석하는 일로 고심할 때였다. 그러지 않아도 흑인선수가 당할 상상할 수도 없는 모욕을 어떻게 뿌리칠까 고심하고 있을 때 주최 측에서 흑인은 백인과 같이 경기할 수 없다고 하며 만약에 경기에 참여하려면 백인만 오라고 하였다.

축구팀에 이 사실을 알렸을 때 전 팀 멤버들은 두 번 생각도 않고 우리 흑인동료가 참석 못하면 우리 모두가 참석하지 않겠노라는 결연한 의지를 보였다. 이런 Bowl경기에 참여하면서 얻는 학교나 선수개인의 득은 엄청날 수도 있고 Pro선수가 되는 관문이기도 하다. 학교당국도 경기에서 얻어지는 수입이 클 수도 있고 이런 게임을 통하여 전국에서 우수한 학생을 뽑을 수 있는 계기이기도 하다. 중재하려던 학교당국도 학생들의 결연한 뜻에 따르기로 하고 최종 시합에 불참하기로 결정하였다. 엄청난 결정이었고 희생이었다. 이 사건이 있은 후 많은 경제적인 손실을 입은 학교는 축구팀을 해산하기에 이른다.

54년이 지난 이날, 대학총장은 졸업식에서 이 선수들은 지성과 인격을 타협하지 않고 인간의 숭고함을 위하여 용감히 싸웠다고 치하할 때 졸업식에 참석했던 모든 사람들로부터 열렬한 박수를 받게 됐다. 엄청난 재정적인 손실도 마다하고 선수들의 뜻을 따랐던 학교당국도 칭찬받아야 된다고 어떤 참석자는 이야기했다.

1964년의 인권 보호법은 어떤 날 몇몇 정치인이 만든 법이 아니고 이런 불의와 타협치 않고 인간의 숭고함을 위하여 희생한 이들에 의해 만들어진 것이다. 한 나라가, 한 조직의 이런 이들의 뜻이 기려질 때 희망이 있고 유구한 역사를 자랑하게 될 것이다.

Virginia Tech 참변

Virginia Tech 참사사건 이후 cross cultural 세미나에 참석한다는 자체가 썩 마음에 내키는 일이 아니었다. 이 문화 훈련 세미나 알선 업체인 브레난 회사의 요청을 받고 계약을 한 터라 한국 문제 이야기할 때 있을 질문에 마음은 찜찜하지만 가기로 했다. 지난 수요일 5시간 비행 후에 Newark 공항에 도착하니 밤 9시였고 자동차로 1시간은 더 가야 하는 North Branch에 가려면 무얼 먹어야 하겠기에 같은 동료 선생 케이의 안내로 그녀가 잘 아는 Marriott 호텔 내에 이태리 식당에 앉아 파스타를 시키고 비가 뿌리는 창밖을 보니 미국기가 절반 하강 상태였다. 국내에 큰 슬픈 일이 있거나 나라의 지도자가 작고했을 때 있는 일인데 근래 누가 세상을 떴다는 신문기사도 못 봤는데 하다가 얼른 생각난 참사 사건에 마음이 아팠고 마음이 숙연해졌다.

세미나 장소인 작은 도시에 가며 마음은 Virginia Tech 참사에서 떠나질 않았다. 혹시 있을 돌발적인 질문에 마음의 준비를 하고 다음날 순서를 케이와 상의하면서 호텔에 체크인했다. 워낙 큰 학살 사건이고 더구나 범인이 조승희라는 우리 동포이기에 이게 아닌데 하는 마음에 거부반응을 일으키며 이 사건이 실린 신문기사도 읽기 싫고 방송도 보고 싶지 않은 심경이었다.

9시 정각부터 케이와 내가 더불어 돌아가며 다른 문화의 특성과 한국 문화, 경제, 정치 등 전반에 걸쳐 강의했다. 참석인원이 국제 업무하는 중견 간부 이상이기에 한국 재벌의 발전사, 한국인 뇌리에 깊이 자리 잡고 있는 '한'에 대한 강의, 그리고 공자 사상이 미친 영향 등을 이야기했다. 그때 앞에 자리 잡고 앉은 엔지니어 출신 '조'가 이번 참사 사건은 미리 해결되지 않은 한이 폭발한 것이 아니냐며 계속 다그쳐 묻고 '한' 사상이 그렇게 한국인에게 영향을 미친다면 한국인과의 접촉에 퍽 조심해야겠다고 하는데 말은 부드럽고 세련되게 하지만 표정은 여간 심각한 것이 아니었다. '드디어 올 것이 왔구나.' 내심 걱정하면서 일곱 살부터 미국에서 자란 범인은 한국계 미국인으로 문화적으로 전통적인 한국인 범주에 포함시키지는 말아야 한다고 누누이 설명하느라 진땀을 뺐다.

다른 한 참석자는 슬픔을 같이 나누는 것은 좋지만 왜 한국 정부가 저렇게 법석을 떨며 설치냐는 퍽 힐난조의 질문이다. 범인 조는 우리 아이이고 우리가 해결할 일이니 한국은 조용해야 된다며 미국은 이민으로 세운 나라이니 다른 나라는 자숙하는 게 이 어려움을 이기는 길이라고 납득할 만한 말을 했다. 더불어 처음 외무부 성명을 발표하고 동포의 안위를 걱정한 사람은 나도 면식이 있는 샌프란시스코에서 근무한 적도 있는 한국 외교관이라고 하니 세미나 참석한 이 사람은 미국을 모르고 한 이야기라고 단정지으며 끝냈다.

무사히 이틀간에 걸친 한국에 관한 세미나를 마치고 돌아오는 길에서도 이 참사는 마음에서 떠나지 않았다. 마음은 슬프고 머리를 들 수 가 없었다. 법석을 떨며 추모 행사를 하기보다는 조용함 속에서 미국 사람들 아픔에 동참하는 것이 옳다고 생각했다. 훗날 이 참사를 생각하며 십시일반하여 해를 입은 학교에 장학재단 세우는 것도 마음의 빚을 갚는 길일지도 모르겠다.

미국식 이름

이름은 한 개인의 정체성과 고유성 등을 나타낼 수 있다고 한다. 오랫동안 한국에서 생활하다가 삶의 터전을 옮겨 새로운 생활 속에서 부모는 물론 자녀들에게 마땅한 이름을 갖게 하는 것이 작은 일이 아니다. 이런 걱정은 미국에 이민 온 사람들이 겪는 공통점이다.

이름 부르기가 힘든 슬라빅 계통 사람들은 이름의 한 부분을 잘라서 부르기 쉽게 하는가 하면 어떤 경우에는 이름의 뜻을 영어로 표기하기도 한다. 한 예로 독일 이름 Vogel을 영어이름 Bird로 고치기도 한다. 둘 다 새라는 뜻이다. 이런 일이 아시아계 특히 우리 동포에게는 별로 없었는데 이제는 우리 이민의 역사도 해를 거듭하니 미국화되는 성씨도 보게 된다. 어떤 사람은 성을 Korea로 고치기도 하고 하원의원 출마했던 서상록이라는 분은 Koreanman으로 하려다가 Korman으로 정했다고 한다. 선거기간 동안 그 이름 때문에 유대계로 오인받기도 했다.

어떤 사람은 아버지와 어머니 성을 따서 두 음절로 바꾸기도 한다. 오래전에 지인한테 들은 이야기다. 어느 동포는 아버지 성 차씨와 어머니 성 손씨를 붙여 알파벳으로 Chason이라고 쓰며 읽기는 '카슨'이라고 했단다. 유럽성씨 냄새가 물씬 나는 이름이다. 이름에 따르는 여러 가지 에피소드가 우리 주변에 적지 않다.

내가 오클랜드에 정착한 1970년도 초에 '조셉 슈미츠 클리너스'라는 세탁소가 차이나타운 근처에 있었다. 전형적인 독일계 이름이어서 주인이 독일 사람인가 보다 했는데 정작 가서 보니 이름의 소유주는 키도 왜소한 중국 사람이었다. 이상해서 주위에 물어보니 입국 수속할 때 이름을 묻는 이민관리의 말을 몰라 답을 못하고 손으로 그를 가리키니 장난기로 자기의 독일식 이름을 입국서류에 적은 것이 미국에서 평생을 독일 이름으로 살게 된 동기라고 한다. 생활이 안정되며 중국 이름으로 바꿀까 하다가 오히려 독일식 이름이 편하여 그대로 썼다고 한다.

우리 동포들이 귀화할 때 남들처럼 미국식 이름을 정하고도 주위가 쑥스러워 쓰지 않는 경우도 많다. 미국식 이름을 붙일 때 자기가 좋아하던 영화배우나 학자의 이름을 쓰는 사람도 있다. 그런가 하면 너무 부르기도 어려운 유럽 특히 희랍식 이름을 붙이는 경우도 있다. 이름을 지을 때 그 이름이 주는 애칭과 성을 한꺼번에 부르면 오는 어색함도 생각해야 되겠다. 예를 들어 제임스 김이라고 부를 때는 괜찮은데 애칭으로 부르면 '짐 김'이고 전 씨가 존을 이름으로 했을 때 '존 전', 그리고 성이 탁씨가 리처드로 했을 때 애칭이 '딕 탁'이 되겠다. 이렇게 부르기가 어색하니 이름을 선택할 때 고려해야 될 점이다.

나도 1970년 중반에 귀화하며 로렌스(Lawrence)라는 이름을 택했다. 그때 내가 배우 로렌스 오리비에를 닮고 싶었했고 〈아라비아의 로렌스〉라는 영화 이름이 좋아서 붙인 것이다. 그러다보니 그때까지 학교기록은 고쳐야 할 것이 너무 많아 생각지도 않고 붙인 이름의 애칭이 성과 함께 부를 때 자연스럽지 않아 법원을 거친후 이름으로 원상복귀했다. 로렌스 리를 '래리 리'라고 어렵게 발음을 했어야 했다.

이름은 부르기 쉬워야겠고 미국에 산다고 꼭 미국 이름을 택할 필요는 없겠다. 한동안 미국의 인권운동 이후 정체성을 찾으려는 일본계 젊은이들은 서양식 이름보다는 일본식 이름을 조금 고쳐서 부르기도 했다. 즉 토시로를 '토시'라고 불렀고 노보루를 '노비' 등 백인에게 생소한 이름으로 주류 사회에 적극 참여하며 아메리칸 드림을 이루어 나갔다. 우리 한국식 이름만 고집하지도 말아야겠지만 그래도 우리와 동떨어진 이름보다는 우리 이름을 부르게 쉽게 하는 영어화된 한국이름(anglicized Korean name)을 사용하는 것도 생활의 지혜가 되겠다.

더구나 여러 민족이 섞여 사는 사회에 우리 이름, 문화를 소개하는 새로운 기회도 되겠다. 어려운 이름도 뜻이 있겠지만 이름은 부르기 쉬워야겠다.

대법관 임명

미국 건국 이래 연방 대법원만큼 우리 생활에 크게 적게 영향을 준 기관도 없다. 노예 제도의 합법성과 흑인의 인권 평등은 인정하지만 분리할 수 있다는 판결을 내렸는가 하면 10여 년 전 부시와 고어 대통령 선거 때 대법원은 조지 부시의 손을 들어주어 일반선거에서 앨 고어는 이겼는데도 대통령 선거인단에서 패배하는 결과를 가져왔다. 임명자인 대통령과 뜻을 같이 하는 이들이 천거되기 때문에 대통령의 뜻이 퇴임 후에도 오랫동안 유지되고 있는 것을 200여 년 역사에서 자주 볼 수 있다.

지난 15년 동안 대법관을 천거하지 못한 민주당 정권은 이번 오바마 대통령 임기 동안 두 번씩이나 임명하는 행운도 갖게 된다. 오바마의 처음 임명은 히스패닉계 소니아 소토마이어이고 두 번째는 어제 발표된 엘레나 케이건이다. 그는 현재 대법원 송사에서 정부를 변호하는 Solicitor General이다. 현재 9명의 대법관 중에 비백인으로는 클레렌스 토마스와 소니아 소토마이어 대법관인데 토마스는 전설적인 흑인 더구우드 마샬 대법관 후임이고 히스패닉계는 소토마이어 여사가 대표하는 셈이다. 그녀는 인종 배경 이외에 어려운 환경에서 성공한 입지적인 인물로 알려지기도 한다. 이런 여건 속에서 이제는 아시아계도 최고기관에 입성하는 기대도 가져 볼 수 있다.

이제 아흔 살이 넘는 존 폴 스티븐스가 사표를 제출하여 생긴 공석에 오바마와 뜻을 같이 하는 케이건을 임명했다. 근래 여론에 케이건을 포함한 7명의 법조인을 대법관 후보로 거론하기도 했다. 이들 중에 한 사람이 될 것이라 하며 그들이 갖고 있는 장단점을 비교한 자세한 보도였다. 아시아계도 대법관 후보로 지명되어야 한다고 하며 여러 명의 기라성 같은 법조인과 함께 한국계 Harold Koh(고홍주)를 크게 소개하기도 했다. 여론은 현재 국무부의 법률 상담역을 맞고 Yale 법과대학 학장을 지닌 그를 후한 점수를 주었다. 그렇지만 판사 경험이 없는 것이 단점이라고 하였다. 이번에 되지 않더라도 기대가 촉망되는 후보라고 했다.

어제 임명된 케이건 이외에도 현재 국토 안전부 장관 자넷 나폴리타노도 임명가능성이 있는 사람으로 거론되고 있다. 아직 상원의 인준과정이 남기는 했지만 공화당의 큰 반대는 없을 것이라는 전망이다. 임명이 된다면 50세에 가장 젊은 대법관이 되겠고 임명권자 오바마의 정치 철학이 여러 세대에 걸쳐 반영될 것이라고 한다. 그는 보수 일변도인 대법원에 진보의 새 물결을 불어넣으리라는 관측도 한다.

케이건은 오바마와 같은 시기에 University of Chicago 법과 대학의 교수를 지냈다. 헌법 강의하던 오바마 대통령과는 오랜 인연을 맺은 관계다. 철저하게 앵글로 색슨(WASP)으로 구성된 대법원에 1916년 브랜다이스가 최초 유대계 대법관이 된 이후에 1930년대에 두 명이다가

1970년부터 약 25년간 유대계가 한명도 없었고 클린턴 대통령 임기 때 임명된 두 사람 모두 유대계였다. 이제 오바마에 의하여 임명된 케이건이 대법관이 된다면 유대계가 역사상 처음으로 세 명이고 역시 여성 대법관이 세 명이 된다. 이는 아홉 명의 대법관의 1/3 되는 숫자이고 참 대단한 변혁이다. 그리고 나머지 여섯 명의 대법관 모두가 천주교 신자라 한다. 개신교로 건국된 나라 최고 기관에 개신교 대법관이 전무하다는 결과를 초래하게 되는 21세기의 이변이다. 아시아계가 없어서 섭섭하기는 하지만 새롭게 되어가는 연방 대법원에 거는 기대가 우리 모두에게 클 것이다. 일단 결정되면 그대로 따라 가는 게 이 나라의 전통이어서인지 어떤 특정한 교계에서 항의도 없다. 이런 모습이 성숙된 민주사회의 시민 정신을 대표하는 것인가 보다. 엘레나 케이건의 상원 인준이 꼭 성공하기를 바란다.

대통령날

지난 2월 15일이 대통령날이고 연방공휴일이었다. 그리고 그 주말은 구정설날에 연인들을 위한 밸런타인데이와 다음에 온 대통령날이 겹친 롱위크엔드였다. 유래는 조지 워싱턴 초대 대통령을 기리기 위하였는데 역시 2월 출신 링컨도 포함하여 2월 3번째 월요일을 1971년에 대통령날이라고 의회에서 정했다.

지금까지 미국은 건국 이래 43명의 대통령을 배출했고 모두 나름대로 미국에 기여한 공이 큰 사람들이다. 그중에 훌륭한 대통령을 꼽으라면 나는 초대 조지 워싱턴, 16대 에이브러햄 링컨 그리고 39대 지미 카터를 든다. 현존하는 카터 대통령은 1924년 10월 1일에 James Earl Carter, Jr.라는 이름으로 조지아 주 플레인스 작은 마을에서 태어나 해군복무와 백악관에 4년 거주를 빼고는 평생을 이곳에 살며 땅콩 농장을 경영한다.

그는 평생 독실한 기독교인으로 구제와 인권을 위하여 일생을 바친 사람이다. 그의 박애 정신과 구제 영역은 조지아 주와 미국에 국한하지 않고 가히 전 세계를 대상으로 하고 있다. 이제 86세 되는 카터 대통령은 역대 대통령 중에 처음으로 퇴임 후에 노벨상을 받았다. 그는 재임 중에 연방 내각에 교육부와 에너지부를 신설하였다. 교육 이외에도 에너지 분야에서 자원보존과 새로운 기술개발에 관심을 집중시켰다. 그동안에 '캠프 데이비드' 회의를 주재하여 견원지간의 이집트의 사다트 대통령과 이스라엘의 베긴 수상을 한자리에 초대하여 평화조약을 체결하게 했다. 그리고 미국이 건설하여 많은 수입을 내던 파나마 운하 운영권을 파나마 정부 당국에 이양하여 미국 내에서 반발을 사기도 했다. 군비 감축을 의한 SALT 2도 확정지어 세계평화를 위한 끊임없는 노력을 쉬지 않았다. 한편 국내에서는 경제 스태그플레이션과 급등한 원유 값 때문에 비난을 면치 못했다. 그리고 테헤란의 미국대사관이 이란 학생들에 의하여 점령당하고 미국사람 여럿이 인질로 감금되었다. 더구나 그들을 위한 군사적 구출 작전이 실패하며 그의 인기도는 급강하하기 시작했다. 재선 때 능수능란한 레이건 캘리포니아 주지사에게 패배하고 은퇴했다.

흔히 퇴임한 대통령들은 국내외에서 강연 등으로 소일하는데 그는 퇴임하며 전 세계 사람들에게 그의 진수를 보이기 시작했다. 로사린 영부인과 함께 1982년에 세운 카터 센터를 통하여 구제사업과 인권문제에 몰두하고 있다. 그는 전 세계분쟁지역을 마다하지 않고 찾아가 해결하기도 하고 개도국 전염병 퇴치 운동에 앞장서기도 한다. 우리에게도 잘 알려진 사건이 있다. 1994년 클리턴 대통령의 권유로 북한을 방문하여 김일성 주석과 원자력 문제로 회담을 통한 합의점을 도출하였는데 부시 대통령 때 폐기된 바 있다. 그는 평생 23권의 책을 집필할 만큼 대단한 저술가이기도 하다. 기독교에 관한 서적이 여러 권 있고 딸 에이미가 삽화를 그린 아동 동화책, 시선집, 정치와 외교에 관한 여러 장르의 책을 저술했다.

나는 여러 해 전 그의 고향과 어린 시절을 그린 ≪Christmas in Plains≫를 읽고 전형적인 기독교를 배경한 아메리카나를 엿볼 기회가 있었다. 크리스마스카드에 나오는 장면을 연상하게 해주는 그의 자서전이다. 지금 읽고 있는 ≪The Blood of Abraham≫에서 이스라엘과 아랍분쟁을 역사적 사실을 들며 우리가 알기 쉽게 기술하고 있다. 책을 읽으며 해박한 그를 알게 한다. 그는 평생 그가 다니는 침례교 주일학교에서 로사린 영부인과 함께 가르치고 있으며 교회 집사로 봉사한다. 얼마 전에는 남침례교 교단 일로 의견을 내는 등 적극적인 기독교인의 본을 보여주고 있다. 대통령의 날을 맞으며 다시 생각하게 하는 위대한 인물이다. 이런 정신적인 지주가 미국에 있는 한 팍스 아메리카 시대의 미국의 번영은 오래가리라 생각한다. 이제 90을 바라보는 카터 대통령은 해비타드일에 손수 못질을 하며 노익장을 과시한다. 그의 업적은 퇴임 후에 더 빛을 보고 있다. 대통령날을 맞으며 다시 생각케 하는 훌륭한 우리의 지도자이다.

몰몬교의 구제사업

경제가 어려운 이때에 몰몬교의 구제사업 기사가 일간지에 대문짝만큼 크게 났다. 취재기자는 콩코드에 위치한 구제사업 센터에 가서 그들의 운영 실태와 구제를 받고 있는 사람들을 집중 취재했다. 미전역에 이런 '비숍스토어'가 70여 개가 있다고 한다. 규모가 웬만한 대형 코스코 같다. 이곳에서 취급하는 물건들은 모두 몰몬교도들이 운영하는 회사에서 기부받은 것이라고 한다. 이곳에서 야채로부터 빵과 고기까지 식료품이 없는 게 없고 큰 '그로서리 스토어'를 연상하게 한다.

이곳에서 일하는 사람들은 역시 무보수로 하고 있다. 따라서 우리가 말하는 원가나 운영경비가 거의 들지 않는다고 한다. 이런 구제사업의 전통은 몰몬교도들이 1847년경에 주위의 박해를 피하여 각지를 떠돌아다닐 때 서로 돕기 위한 방편으로 시작한 운동이다. 더구나 서부로 이주하기 시작하는 19세기에 황야에 군데군데 식량을 비치하여 다음에 도착하는 이들의 몫으로 두기도 했다. 따라서 서로 돕는 일들은 근래 생긴 것이 아니고 미국의 역사와 함께한 구제사업의 일환이었다. 이 전통이 이어져 오다가 본격적으로 사회구제에 참여하게 된 것은

1930년경이다.

경제 대공황 때 몰몬도들이 적극적으로 사회사업을 시작한 게 지금까지 이어지고 있다. 하나님의 '콜링'을 받았다고 하는 이들은 자원봉사를 몇 달 하는 사람에서 여유가 되는 사람들은 몇 년간씩 무보수로 일을 하고 있다. '캐스트로 밸리'에 사는 '로라 드보'라는 여인은 건축업 하는 남편의 벌이가 원만치 않아 지난 4개월 동안 이곳에 와서 식료품을 받아 자녀들을 포함한 네 식구가 생계를 유지하고 있다. 더구나 그 가족이 사는 아파트주인도 몰몬교도인데 월세가 밀리니 허드렛일을 시키며 빚진 돈을 갚게 한다. 그 주인은 교회에 십일조를 먼저하고 나머지로 렌트비를 내라고 한다.

평신도가 중심이 되어 운영되는 몰몬교는 세례 받는 목회자나 교회 스태프가 없다. 사회 각층에서 활동하는 평신도들이 교회에서 피핵되어 일정기간의 교육을 받고 '비숍'이 된 다음 교회 행정과 설교도 책임지고 있다. 각 교회는 솔트레이크시티에 위치한 교회본부에서 여러모로 지원을 받고 있다. 교인들에게 철저한 십일조를 지키게 하고 전교인이 한 달에 두 차례에 거쳐 금식을 하며 절약한 돈을 이런 구제사업에 충당하고 있다. 고등학교 마친 아이들은 미국 각지나 외국에 선교사로 파송된다. 여비는 모두 본인부담이고 생활비는 교회나 교인들이 도와주고 있다.

그들은 백색 상의에 검정색 바지를 입고 배당된 커뮤니티에서 선교활동을 한다. 모두 넥타이를 매고 명찰을 달고 있다. 오클랜드 차이나타운에 가면 자전거 타고 다니는 이들을 자주 볼 수 있다. 이들은 모두 '엘더' 아무개 즉 아무개 장로라는 명찰을 달고 선교를 한다. 2년 봉사기간이 끝나면 귀가하여 대학 진학을 한다. 막 고등학교 졸업한 신입생과는 다르게 그들은 성숙해져 있다. 내가 가르치는 대학에서 이들과 만나 이야기하면 다른 학생들한테 볼 수 없는 신선한 충격을 받곤 한다. 몰몬 젊은이들은 이 선교 경험을 평생 자랑스럽게 생각한다고 한다. 이렇게 교회와 사회에서 훈련받은 아이들이 마약이나 다른 범죄와는 거리가 멀다고 한다.

근래에 ≪The Rise of Mormonism≫을 저술한, 베일러 대학 로드니 스탁 교수는 이들을 가리켜 대단히 세련된 집단이라고도 한다. 얼마 전 통계에 의하면 교인수가 제일 많이 증가하는 종파로 남 침례교와 몰몬교를 든다. 현재 이들의 숫자가 6백만에 가깝고 캘리포니아만 해도 75만이라는 큰 기독교 집단이다. 그리고 매년 빠르게 증가한다고 한다. '브리감 영'이 박해받던 몰몬교도들을 이끌고 '와사치' 산을 넘어 유타벌판에 정착하여 황량한 땅을 비옥하게 만들었다. 이들 특유의 근면함과 끈기로 이루어낸 기적이다. 일부다처주의 때문에 사회에 지탄을 받기도 했지만 19세기 말 연방에 가입하는 조건으로 이를 불법화하기도 했다.

이들의 말로는 일부다처주의가 성적인 이유보다도 서부로 이주하는 도중에 많은 가장을 잃은 가정을 돕기 위한 방편이었다고 한다.

나는 매년 여름이면 고객 회사 일로 며칠씩 유타에 출장가게 되는데 갈 때마다 그들이 해낸 기적에 찬사를 보낸다. 어떤 사회학자의에 의하면 몰몬교는 미국 자생종교이고 가장 미국적인 전통을 갖고 있고 미국을 대표하는 교회라 한다. 어떤 이들은 그들의 종교적인 원형이 프리메이슨과 기독교의 전통이 합쳐서 된 집단이라 하고, 프리메이슨이

이었던 창시자 조셉 스미스를 들기도 한다. 그들이 이룩한 사회는 정말 대단하다.

나는 신학을 하는 사람이 아니어서 그들을 이단시 하는 주류 기독교의 뜻을 잘 알지는 못한다. 하지만 어느 종교집단을 보더라도 이렇게 커뮤니티에 구제 활동을 잘하는 모습은 쉽게 보지는 못한다. 아마 '릭 웨렌' 목사가 이야기하는 여러 가지 교회가 해야 되는 구제사업 중에 이들이 하는 것도 한 모양인지 모르겠다. 그들의 사회 참여는 참 놀랍고 경이롭다.

미국 자동차 산업

지난 12월에 GMC의 '릭 웨고너' 사장을 비롯한 세 명의 자동차 회사의 거두들이 연방의회에 나와 구제 금융을 요청하기에 이르렀다. 모두 퍽 겸손한 자세가 격세지감을 느끼게 한다. 몇몇 의원들은 구제 금융 요청에 반대하기도 하고 그들이 닥치고 있는 금융 위기를 헤어나지 못한다면 파산이 불가피한 게 아니냐고까지 하기도 했다. 결국은 사태의 심각성 때문에 그들의 요구를 들어 주기는 했지만 정부가 운영에 관여하는 조건의 규제안이다. 어떻게 이 지경에 이르렀는지 모르겠는데 우리와 관련된 이야기도 생각이 난다.

6·25전쟁 때 미군들은 한국 사람들에게는 신기해 보이는 군용 차량을 전선에 배치했다. 잘 알려진 '지에무씨' 차들이고 당시 우리에게 마치 '카네이션' 브랜드가 우유의 대명사였던 것처럼 '지에무씨'가 트럭의 대명사가 되었다.

물론 당시에 GM만 군용차량을 생산한 게 아니고 포드나 크라이슬러도 군용차량을 만들었는데 한국 사람들에게는 모두 '지에무씨'였다. 전쟁 때 한국군한테는 미국차량을 공급하지 않았고 패전한 일본 자동차

회사에서 만든 차량들이 주종을 이루었다. 패전한 일본이 한국전 때문에 경제를 급속도로 회복한 것은 두 말할 필요도 없을 것이다. 당시 도요타, 닛산 그리고 이스즈 차량들이 한국군에 보급되었다. 미군들이 휴전 후 철수하며 민간에게 불하한 미군차량들이 개조되며 휴전 이후에 우리가 타고 다니던 버스가 됐고 지프차가 '시발' 택시가 되어 교통수단에 일익을 담당하게 되었다.

제2차 세계대전이 끝나고 미국자동차사업에 대적할만한 회사나 나라는 없었다. 미국은 외국에 차량을 판매 할 때 부르는 게 값이었다. 그리고 오랫동안 미국은 그런 판매술을 바꾸려 하지 않았다. 자동차 생산단가를 1995년 통계를 참조하면 미국차가 얼마나 비쌌는지 알 수 있다. 당시 도요타는 자동차 한 대 만드는 시간이 29시간 걸렸는데 GM은 46시간, 크라이슬러는 43시간이었고 10여 년이 지난 2006년에는 GM이 32시간 크라이슬러는 33시간은 장족의 발전을 했을 때 도요타는 29시간대를 유지했다. 생산성만 높아져서 해결될 일이 아니었다. 시간당 노임의 차이가 엄청났다. 미국 자동차의 시간당 임금이 $28이였을 때 도요타는 $26, 혼다는 $24 그리고 현대는 $21이었다. 시간당 임금을 따진다면 크게 차이가 나지 않는데 은퇴연금, 의료보험 등이 포함되는 베네핏을 비교하면 액수가 커진다.

미국에 진출한 외국자동차 회사의 베네핏까지 합친 시간당 임금이 $44인데 비하여 미국회사는 $73 즉 $29가 더 비싼 액수였다. 미국에 어느 산업도 이렇게 생산직에 후할 수는 없었다. 세 자동차회사가 노동조합과 결탁하여 서로 경쟁하지 못하게 한 처사라고 ≪월스트리트≫지 12월 1일자 사설에 지적했다. 그리고 노조와의 계약에 어떤 기간이 지나면 일 년 동안 일하지 않고도 매주 급료를 받을 수 있는 조항도 있다.

아마 이런 후한 전통이 1914년 생산직 근로자를 소비자로 격상시키며 주급을 $3에서 파격적인 $5로 인상한 데서 발생하지 않나 하고 생각도 한다. 이는 포드자동차 창설자 헨리 포드의 아이디어이기도 했다. 이 일이 있은 후 포드차의 판매는 엄청났다 한다. 따라서 소비자의 급성장으로 자동차산업의 황금기가 도래했다.

미국 자동차 산업 파산 이야기가 나왔을 때 보수적인 연방의원들은 그렇다면 누가 비행기를 만들고 군용 차량을 만드느냐고 반론을 제기했다. 미국이 제2차세계대전을 승리로 이끈 것은 군수 물자의 대량생산이라고 한다. 엄청난 비행기와 트럭과 탱크 등을 이 자동차 회사들이 생산했다. 이뿐만이 아니고 군함에 들어가는 배의 엔진 만드는 데 이들이 큰 비중을 차지하기에 이르렀다. 당시 독일군 장성들은 미국에 군수 물자 생산량에 질렸다고 한다. 그들이 U보트로 침몰시킨 숫자의 몇 배나 되는 함정을 계속해서 만들었다고 한다. 지금 어렵다고 자동차회사를 외국에 팔고난 후 국가비상시 전시 체제로 산업을 바꿀 때 팔린 자동차 회사의 국방산업을 의존할 수 있느냐는 심각한 이야기가 대두되기도 했다.

정부로부터 구제 금융 받은 GM은 하이브리드인 셰비 볼트를 2010년에 본격 생산하기 위하여 한국의 LG화학과 배터리 생산계약 체결을 하기도 했다. 참 반가운 이야기다. 그리고 정부의 구조 조건에 노동조합도 협력하기로 하는 등 자동차 노조에 새 판도가 이루어지는가 보다. 노동운동에 항상 우호적인 민주당 정권이 앞으로 어떻게 나올지도 두고 보아야겠다.

장래가 어떻게 전개될지 알 수는 없지만 이제 역사적인 새 정권이 태동한 어려운 시기이다. 역사를 보면 어려울 때 미국의 창의력(American Ingenuity)으로 위기를 극복했다. 이제 기대되는 새로운 대통령의 지도력과 미국 사람들의 각오로 위기가 기회로 될 수도 있다.

재산세

지난 2, 3년 동안 부동산값의 급격한 하락으로 카운티 당국 지방세의 일종인 재산세 조정신청이 쇄도하고 있다. 신청자는 중산층이나 서민층도 있지만 기백만 불 이상 되는 주택을 소유한 부유층도 제법 있다고 한다.

근래 큰 사회문제로 비약하고 있는 서브프라임 모기지 여파로 집을 포기하는 사람들도 주택세 감세 혜택을 받으려고 전전긍긍한다.

근래 주택 붐을 일으켰던 콘트라 코스타 카운티에서는 베이 에어리어 중에서도 신청자가 그중 많다고 하는 당국자의 말이다. 어떤 주택 소유주는 부동산 하락에 따르는 재산세 차액을 쉽게 받는 것으로 착각하고 카운티당국에 계속 문의하기도 한다. 재산세는 부동산 감정가에 의하여 산출되기 때문에 가격 하락에 따르는 차액을 받으려는 납세자의 마음도 이해는 가지만 갖추어야 될 서류도 제법 있고 시간이 걸린다.

어느 곳은 제2차세계대전 이후 처음 있는 현상이라고도 하고 하며 세원을 만회하기 위하여 일부 재산세율을 상향 조정하기도 하는 등 궁여지책으로 지방정부에서 여러 가지 방편을 쓰고 있다. 가옥만 아니고 이제 그 여파가 상업 건물로도 번지고 있다.

캘리포니아는 다른 주에 비하여 더 큰 재정적인 타격을 받는 듯하다. 1978년 7월 6일에 이곳에서 주민 발의안 13번을 통과시켰다. 다른 이름으로 자비스-갠이라고도 불리운 Proposition13이다.

주민 발의로 통과된 이 법안은 재산세 산출 상한선을 정하고 그 이상은 징수를 못하게 했다. 즉 1975년을 기준하여 주택세를 1%로 한정시켰고 주택 상승률은 매년 2%로 정해 놓았다. 이곳에 오래 거주한 이들은 잘 알겠지만 지난 20여 년간 집값이 10배 이상 상승한 곳이 여러 군데 있다. 이 주민안이 통과되기 이전에는 5년을 기준으로 하여 부동산세를 산출하였으며 당시의 주 예산은 50억 불 흑자를 내는 등 태평성대를 이루었다.

1% 재산세 이외에도 유권자 투표에 의하여 공공시설을 위한 부담금도 주택세에 가산된다. 현재는 가산금과 함께 약 1.4%가 부동산 감정가에 적용된다. 엄청난 파장을 불러온 이 안이 통과된 다음 해에 캘리포니아 정부에 재산세 세입이 절반으로 줄어들었다. 그 전해에 100억 불 흑자에서 50억 불로 줄기 시작하며 매년 감소하고 있다. 계속하여 줄어드는 지방도시와 카운티를 위하여 주정부가 돕기는 하지만 한정된 예산에 어려움을 면치 못한다.

자비스-갠 주민 발의안에 의하면 부동산이 거래된 값에 1% 세금이 부과되기 때문에 같은 지역에 살고 있어도 매입액에 따라 재산세가 달라진다. 내가 70년 중순에 구입한 집 주택세가 연 2천여 불 하는데 비해 근래 이사 온 사람들은 만 불 이상씩 내며 불평하는 것에 이해가 간다.

재산세가 학교 재정에 미치는 영향이 적지 않은 이유는 재산세의 53%는 학교 몫이고 17%는 카운티에 배정되고 11%는 인근 도시예산에 그리고 나머지 19%는 특별구역에 할당된다. 학교는 중·고등학교와 2년제 초급대학을 포함하고 있다.

재산세 감소로 허덕이는 2년제 커뮤니티 칼리지의 어려움은 적지 않다. 샌프란시스코 시립대학은 예산부족으로 이번 여름학기에는 문을 닫는다고 하며 내가 강의하고 있는 페랄타 대학구에서는 많은 과목을 폐강하여 학생들의 원성이 적지 않다.

이렇게 해서 오래전 주택을 구입한 사람들은 세금을 적게 내는 혜택을 볼 수 있겠지만 예산 부족에 허덕이는 학교의 어려움이 적지 않다. 일부에서는 Proposition13 개선을 해야 된다는 여론도 적지 않다. 60년대에 2년제 대학은 등록금이 없었다. 그리고 캘리포니아는 50개 주 중에서 공립 교육시스템이 제일 우수한 곳이라고 알려지고 있었다.

어쩌다가 이 지경이 되었는지 모르겠다. 우리 모두 심각하게 주민발의안 13번을 다시 생각하고 학교를 살리는 데 일익을 담당해야겠다.

미국 헌법과 총기 휴대

지난 목요일인 6월 26일 연방 대법원에서 그렇게 오래 기다리던 총기 휴대에 관한 판결이 5대 4로 났다. 미국에서 총기휴대에 가장 엄격한 워싱턴 D.C. 시 조례가 연방헌법에 위배된다는 판결이다. 법 중에 가장 으뜸 되는 법이 연방법이고 그와 상치되는 주법이나 시 조례는 따라서 법의 효력을 잃게 된다. 문제의 워싱턴 D.C. 시 조례는 1976에 제정된 것인데 권총은 휴대하지 못하게 하고 장총도 집에 비치할 때면 완전 분해해두거나 아니면 안전핀을 부착하도록 한 것이다.

미국 헌법이 1787년 9월 17일에 채택되고 그 다음 기본 인권 문제를 다룬 10가지 수정안이 그 후 3, 4년 이내에 헌법에 포함됐다. 이번 판결에 해당되는 두 번째 수정안은 1791년 12월 15일에 통과됐다. 이는 미국시민에게 총기를 휴대할 수 있는 권리를 부여하는 법조항이다. 지난 200여 년 동안 여러 주나 시에서 총기가 사용된 범죄가 발생할 때마다 금지법을 의회에서 통과하려 했지만 연방법에 저촉되어 하질 못했다. 18세기에 이 수정안이 통과될 때는 각 자유주가 시민군(현재는 주방위군)의 총기 휴대를 법으로 허용하여 속한 커뮤니티를 지키게 하는 의도였는데 결국은 인권과 결부됐다. 미국인들은 헌법이 보장된 언론의 자유, 집회 자유처럼 총기휴대가 그들에게 주어진 기본 권리라고 주장한다. 그리고 그 주장이 틀리는 것은 아니다.

역사적으로 보더라도 독립전쟁이나 남북 전쟁 때 개인 총기를 들고 전쟁에 나가서 임기를 마치면 총기를 갖고 집으로 돌아오기도 했다. 도시에서 총기에 관련된 범죄 때문에 이를 금지시키려 할 때 NRA(National Rifle Association)가 엄청난 로비 활동과 미디어를 통하여 홍보를 했다. 이 단체의 회장은 다름 아닌 우리에게 성경의 모세로 더 알려진 찰톤 헤스톤이었다. 이런 시 조례가 우리에게 주어진 인권을 침해한다고 그의 특유한 목소리로 호소한다.

미국 헌법의 효율성은 제정된 지 200여 년이 넘었는데도 7개 조항과 27개의 수정안을 갖고 이 나라를 이끄는 것이다. 대법원은 시대 필요에 따라 그 시대를 반영시키는 해석을 하여 지금까지 그 위력을 발휘하고 있다. 여러 번 잘못된 법 해석을 내린 적도 있었다. 노예 소유의 적법성을 인정해주기도 했고 미국영토를 확장하는 행정부 일에 소수민족 특히 아메리칸 인디언들에게 불리한 법 해석도 한 적이 있었지만 지금까지 미국을 이끄는 힘이 되고 있다.

총기 휴대를 인권과 결부시킨 이 두 번째 헌법 수정안의 뜻을 다시 확인한 이번 판결에 대하여 여러 정치지도자들이 환영을 했다. 텍사스 카우보이라고 불리는 부시 대통령은 물론이고 금년 대통령 후보들인 공화당의 매케인 상원의원과 민주당의 오바마 의원 모두가 지지성명을 발표했다. 오바마 의원은 총기등록을 강화하는 시 조례를 따라야 한다고 부언을 했다. 몰몬교의 본거지인 유타주의 오린 해치 상원의원도 기자가 질문하자 헌법에 총기 휴대가 명시된 것을 갈고 왜 왈가불가하는지 모르겠다고 찬성의 뜻을 강력하게 표현했다.

역사적으로 미국정신의 주창자인 랄프 왈도 에머슨이나 ≪월든 폰드≫를 쓴 헨리 데이빗 소로우 같은 이들도 150년 전에 살며 당시 총기 휴대에 관하여 일언반구도 없는 것을 보면 그들도 역시 반대는 하지 않는 것 같다. 이번 대법원 법 해석이 총기 휴대의 타당성을 다시 확인 해 준 것이다.

미국생활을 처음 시작한 1960년대에 미국사람들 집에 비치하고 있는 총기류를 보고 경악하지 않을 수 없었다. 거의 군 일개 분대를 무장할 수 있는 총기들이다. 이들이 꼭 싸움꾼들처럼 보였고 거칠어 보였다. 이제 이곳에 오래 살며 나대로 역사도 공부하고 이들과 생활도 같이하며 그 뜻을 알게 된다. 대법원이 다시 확인 판결이 났다 하여도 오바마 의원의 말대로 각 시에 걸맞은 조례를 만들어 시민들을 보호해야 된다.

군 복무할 때 꽤 총을 좋아했고 특등사수가 된 나는 여러 해 전 권총 한정 구입할 기회가 있었다. 누가 네 총을 빼앗으려하면 나도 내 인권을 침해한다고 대들게 될 것이다. 나도 이제 점점 미국사람이 되어 가는가 보다.

코칭(Coaching)

어떤 단체에 가입하고 첫 모임에 참석하니 스스럼없이 코칭에 대한 이야기가 나온다. 지난 몇 년간 내가 만난 코치는 여러 종류가 된다. 사업하는 사람들을 위한 비즈니스 코치가 있는가 하면 인생을 계획하고 설계해주는 라이프 코치(Life coach), 웃으며 즐겁게 살게 하는 래핑 코치(Laughing coach), 요가 등 운동을 하는 코치 그리고 남녀 데이트를 원활하게 하는 데이팅 코치 등 사회가 복잡하게 되니 필요로 하는 코치 분야도 많은가 보다. 과외 공부에 익숙한 우리한테는 별로 이상하지 않은 개인 지도 받는 스터디 코치(Study coach) 등 여러 가지도 있다. 여러 해 전 처음 이 분야에 일하는 전문인들과 마주치며 특이하다 생각하기도 했고 동시에 그럴 수도 있겠다고 공감되는 점도 많았다.

코칭 개념은 1970대 미국 기업에서 시작된 것이다. 지금 처해 있는 환경에서 자신의 잠재력을 더 발전시키려는 방법으로 시작되었다.

지금까지 우리에게 잘 알려져 있는 멘토링이나 컨설팅의 경우에는 교육자가 우월한 입장에서 피교육자를 가르치는 반면에 코칭은 대등하고, 수평적인 입장에서 교육을 받게 되며 나타나지 않은 잠재력을 같이 발굴하는 것이다. 꼭 어떤 분야의 특수 교육을 받는 게 아니고 편하게 이야기하며 같이 합의점에 도달케 되기도 한다.

지금까지 상담한다고 하면 변호사, 공인 회계사, 심리학자 또는 성직자를 찾아가곤 하였다. 그들과 이야기하며 마음의 갈등을 해결하거나 현 상태에서 도약하는 데 필요한 조언을 듣는다. 어떤 사람은 자신의 약점이 다 드러난다고 주저하며 혼자 해결해 보겠다는 사람도 있을 것이다. 대부분의 사람들은 수직 관계에서 수평관계에 더 중점을 두는 코치개념이 더 마음에 맞는지도 모르겠다.

주류 사회를 조금 관심 있게 보면 중소기업 하는 사람들, 운동하는 사람들 연예인, 공무원 그리고 하이테크에서 일하는 엔지니어 등이 코치의 주 고객이다. 그중에도 중소기업이나 대기업의 간부 사원들이 코칭서비스를 많이 이용하고 있다. 대부분 경우에 비용은 기업에서 지불해 주고 있다. 내가 아는 오클랜드 시정부 고급공무원은 한 달에 두 번씩 코칭서비스를 받고 있는데 일의 능률이 향상되고 새로운 비전과 각오를 갖고 일에 임하게 된다고 한다.

어떤 경우에는 서로 알지 못하는 여러 사람이 모여 그룹코치도 받는데 이들은 소규모 비지니스 오너들이다. 그들이 코치와 함께 브레인스톰도 하며 각자의 해결점을 찾는다. 이럴 때는 코치가 마치 운동선수를 지휘하고 격려하는 지휘자 같기도 하다. 어떤 때는 꼭 답을 다른 사람들한테 얻으려는 것보다 자기가 생각한 것을 확인받는 입장에서 개인 코치 받는 사람도 있다. 역시 이것도 답을 유출하는 코치의 역할이다. 코칭 과정을 통해 문제 해결도 하며 동기부여도 받고 같이 일하는 사람들과 공동체를 향하여 나아갈 수 있게 유도도 한다.

소규모로 비지니스하는 입장에서 이런 프로그램이 꼭 필요하느냐는 이야기를 우리 동포 사업가들한테서 종종 듣는다. 한 예를 들면 고용인들을 월급 제때에 주고 일을 시켰으면 됐지 바쁜 생활에 코칭이 왜 필요하느냐고 반문 하는 사람도 있다. 일해 주는 종업원한테 시키는 것이 물론 당연하지만 일이 끝나면 "땡큐" 해 주느냐고 했더니 나를 정신 나간 사람처럼 바라보다가 그냥 가는 사람도 있다. 그러나 몇 주 후에 그렇게 말해줬던 사람한테서 고맙다는 전화를 받은 적이 있다. 당연한 일을 시키고 "땡큐" 했더니 그 종업원의 일의 능률이 퍽 높아졌다고 한다.

코치를 구하는 방법은 구글 서치나 전화번호부에서도 찾을 수 있다. 아니면 같이 일하는 전문인들과 상의해도 알선해 줄 수도 있을 것이다. 일반적으로 비용은 시간당 $100부터 $150인데 최소한 3시간은 개런티해야 상담에 응하는 사람도 있다. 물론 경우에 따라 좀 달라질 수도 있다.

아무리 작은 사업체라도 장기적인 안목이 필요할 때 코치를 통하여 종업원과 같은 가치관(Value)을 갖고 일을 할 때 경제적인 부가가치 이상의 결과가 오며 생활의 조화와 새로운 리듬이 생긴다. 아무리 영어가 불편해도 피하지 말고 일하는 사람들과 같은 목표로 향할 때 밝은 내일이 보일 것이다. 바쁜 생활의 어려움에서 쉴 겸하여 다른 여가도 중요하겠지만 우리 주위를 살피며 좀더 나은 내일을 설계를 할 수 있는 기회로 코칭을 권하고 싶다. 필요할 때마다 여러 모양의 코치를 받는 것도 생활의 지혜가 될 것이다.

이제 '이런 코치를 받기에 너무 늦지 않았을까?' 하고 생각할 때가 새로운 일을 시작할 가장 적절한 시기라고 한 어떤 경영학자의 말이 생각난다. 코치를 받으며 미국생활도 잘 적응하고 나를 포함한 우리 모두의 생활이 윤택해졌으면 좋겠다.

04 샘에게

CEO 연봉

근래 일간지에 월스트리트에 상장된 6개 회사 CEO의 연말 상여금 액수가 발표됐다. 주식시장에 상장된 이들의 주가가 25%에서 69%까지 하락했고 2008년에 오천육백만 불에서 거의 20억 불 손실이 난 재무 구조였는데도 CEO들에게 적게는 백만 불에서 사백만 불 보너스 지급이 이사회에서 결정됐다고 한다. 기초 재정학 교과서에도 없는 일이 벌어지고 있다.

일반적으로 상여금은 주식이 상승하고 수익이 생길 때 지불하는 것인데 이들이 책임지는 회사들의 적자가 눈덩이처럼 불어 가는 것은 아랑곳하지 않고 상여금만 챙기는 결과를 가져왔다. 이사회에서 상여금 지불 정당성을 발표하는데 이해하기 힘든 구절도 있다. 예를 들면 Euronet회사는 칠억사천만 불 적자인데 매상의 증가와 적절한 운영을 했다고 CEO에게 사백만 불 지불하기로 했고, Warner Music 회사는 경제가 힘들 때 일을 잘했다고 삼백만 불 그리고 다른 한 회사는 적자가 십억 불 났는데도 현금사정이 향상됐다고 상여금을 백오십만 불 지불한다는 구차한 설명을 덧붙였다.

경제가 어려운 때가 아니더라도 CEO의 사기를 진작시키고 이직을 방지하기 위하여 상여금을 후하게 지불하는 경우도 있기는 하다. 전에 이 같은 상여금 지불이 크게 문제가 되지는 않았던 것은 주식시장이 태평성대를 구가할 때 일이었다. 주식이 끝없이 상승하고 경제가 꾸준히 성장하니 한 해의 손실에 그리 신경을 쓰지 않더니 어려움을 피부로 겪는 주주들에게 눈치가 보여 이런 구차한 설명을 하는 모양이다. 아마 투명한 경영에 부응하고자 하는 노력으로 이런 일들이 세상에 알려지게 되는 모양이다.

근래 샌프란시스코 지역에서 1930년대 시작된 Bank of America가 언론에 자주 오르내린다. 이태리계 사람 '지아니니'가 Bank of Italy라는 이름으로 창업한 은행이 뒷날 사업의 번창과 함께 Bank of America로 탈바꿈하기에 이른 것이다. 메가급 증권 회사 '메릴 린치'가 'Bank of America'에 합병되고 오랜 역사의 종말을 고했다. 재작년 말부터 불어오는 어려움을 이기지 못한 '메릴 린치'는 연방 재무부 주도로 이 은행에 흡수되었다. 합병되기 직전 CEO '테인'은 작년 12월 말로 회사 간부들에게 30억 불에서 40억 불에 달하는 상여금을 지불했다고 한다. 합병날짜가 금년 1월 말경이었는데 서둘러서 지불했다고 하니 비난을 받기에 충분했다.

당시 '메릴 린치'는 2007년 4/4분기 손실이 거의 백억 불이었고 2008년 1/4분기가 20여억 불 되는 가히 천문학적인 숫자였다. 정부의 긴급 보조도 받은 이 금융회사가 엄청난 보너스를 지불한 게 알려지고 이에 분노한 오바마 대통령과 의회에서는 그 상여금 전액을 세금으로 부과하겠다고 으름장도 놓았고 사태의 심각성을 알게 된 간부들은 거의 모두가 회사에 상여금을 반납했다고 한다.

'존 테인' CEO 직전에 '스탠리 오닐'이라는 흑인이 이 회사의 총수였다. 2008년에 엄청난 회사 손실로 CEO자리에서 밀려난 사람이었다. 그가 재직할 때 2006을 마감하며 그를 포함한 회사간부들에게 상여금을 포함한 연봉 지불액수가 신문에 발표됐다. 그와 5명의 최고 간부에게 지불한 액수가 1억7천2백만 불이라고 한다. CEO인 그의 몫이 4천8백만 불, 수석 부사장인 '다우 김'(Dow Kim)이 3천7백만 불, 그리고 나머지 3명의 부사장들이 각각 3천4백만 불, 3천만 불 그리고 2천3백만 불 등이라고 했다.

이 엄청난 연봉을 시간당으로 계산하면 오닐 사장이 $23,000이고 한국태생인 김 씨는 $18,000에 가깝다. 이런 사람들의 몇 시간 수당이 웬만한 사람들의 연봉이 된다. 김씨는 한국에서 태어나 싱가포르와 미국에서 자란 아직 나이가 50미만인 사람이라고 한다. 우리 동포사회에는 아마 잘 알려지지 않은 사람인가보다. 동포 금융인의 성공이 자랑스럽기도 하지만 그들의 천문학적인 연봉이 소시민인 우리들을 움츠리게 한다.

연방 의회에서 CEO들의 연봉 상한선을 두어야 한다는 이야기가 끊임없이 대두되고 그동안 기업에 무간섭 주의를 고수하던 정부의 태도가 바뀌고 있다. 특히 정부의 혜택을 받고 있는 회사에 대해서는 더 감시의 눈독을 들이고 있는 것 같다. 일설에는 금융회사 고급간부대우 때문에 회사의 위기가 오지 않았나 하는 주장도 있다. 경제 위기 때 행정부와 의회가 미국 경제회복을 위한 여러 가지 방법을 도입한다. 계속 발표되고 실행되는 오바마 정부의 경제 정책에 거는 기대가 크다. 그리고 주식시장에 상장된 회사 고급간부들의 상여금 포함한 연봉의 적정선을 심각하게 고려해야 된다.

건축가 줄리아 모건

20세기 캘리포니아 역사에서 빼 놓을 수 없는 사람이 '줄리아 모건' 건축가다. 1890년에 오클랜드 고등학교를 졸업하고 1894년에 여자로서 처음 UC 버클리에서 토목공학으로 학사를 받았다. 그의 스승의 권고로 당대의 명문 예술대학인 파리의 Ecole des Beaux-Arts에 세 번 지원해서 입학하게 된다. 성적이 미달이기보다는 여학생을 받지 않으려는 학교 방침 때문이었는데 결국은 우수한 성적으로 개교 200여 년 만에 여자로서 처음 입학하여 건축을 공부했다.

귀국하여 당분간은 버클리 대학건물을 증축하는 건축사와 같이 일을 하다가 건축사면허를 받고 샌프란시스코에서 개업하게 된다. 이때가 1904년이고 캘리포니아에서 여자로서 최초의 건축사가 된다. 2년 후, 대지진 복구사업에 줄리아 모건이 적극 참여하게 되는데 이는 그의 건축설계 사업이 크게 성공하는 계기가 된다. 그의 생애에 700여 개의 건물을 설계하였으며 우리가 살고 있는 북가주의 건축양식을 바꾸어 놓을 정도로 영향이 컸다. 성차별이 심했던 20세기 초에 조용하게 일을 하며 여성전문인의 입지를 다진 개척자이다. 이러한 그의 업적을 기리며 그가 서거한 지 51년만인 2008년 5월 28일에 슈워츠네거 주지사에 의하여 캘리포니아 명예의 전당에 그를 추서하게 된다.

버클리 대학 증축일을 하며 알게 된 신문왕 랜돌프 허스트 소유의 허스트 캐슬을 20여 년에 거쳐 설계하게 된다. 그는 오랜 기간 건축가로 활동하며 시공을 맡기도 했다. 이는 그의 토목공학 배경이 다른 건축가와 달리 공학적인 면과 주위 환경에 잘 조화되는 건물을 설계하게 되는 동기가 되었다고 한다. 그의 구조공학 지식이 1906년 지진에 폐허화된 샌프란시코의 페어몬트 호텔을 재건하는 데 큰 역할을 했다고 한다. 그는 큰 스케일로 문제해결하는 일가견을 가지기도 했다고 평판을 받았다.

그는 UC 버클리, 버클리 침례교 신학교, 밀스 칼리지, 여러 곳의 병원건물, 18개의 YWCA을 포함한 여성전용건물을 설계했다. 그 이외에 LA와 샌프란시스코에 있는 이그재미너 건물, 오클랜드에 우리에게도 잘 알려진 The Chapel of the Chimes 장의사 건물 등도 있다. 역사적 건축물 전집에 등재될 만한 줄리아 모건 건물들이 이스트베이와 샌프란시스코에 산재해 있다.

그리고 개인 집도 여러 곳에 설계했다고 한다. 그중에 하나가 내 사무실에서 세 블록 떨어진 곳에 있는 YWCA건물이다. 이 글을 쓰려고 자료 수집하며 다시 그의 업적을 알게 된다. 이태리 르네상스풍인 전면의 조화된 색상과 세 개의 아치로 구성된 이층도 균형을 잘 이룬다고 전문가들은 이야기 한다. 그의 작품 세계는 그의 설계가 주위 자연환경과 조화를 이루며 항상 고객의 관점과 주어진 여건에 알맞은 작품을 완성했다고 했다. 아마 이것이 창의성이 없다는 비평가들의 말이었을 것이다. 또한 그의 작품은 퍽 기능면에 중점을 두었다고 하며 다른 건축가들이 추구했던 미학적인 작품만은 아니었다고 한다.

그는 재능이 많은 전문인이어서인지 다양한 모티브의 건물을 동시에 여럿 설계했다고 한다. 불란서에서 공부할 때 중국예술에 심취했던 그는 르네상스 영향을 받은 허스트 캐슬을 설계하면서 같은 시기에 샌프란시스코 차이나타운 YWCA 건물을 중국예술을 가미하며 완성했으리만치 재능이 있는 건축가였다.

건축평론가들에 의하면 종합예술인 건축은 우리에게 감각, 청각, 후각 그리고 촉각을 통하여 다가온다고 한다. 그리고 공간을 통하여 변화하며 우리에게 시간의 흐름도 경험하게 한다고 한다. 건축물은 문화나 정치적인 심벌로 우리에게 알려지기도 한다. 그리고 순수 예술로서 소개되기도 하고 역사적인 문화를 건축물로 가늠하기도 한다. 그래서 우리는 옛 문화를 되새기기 위하여 이집트의 피라미드나 로마의 원형경기장을 찾으며 2000여 년 전을 경험한다. 이제 세월이 지나며 우리 오클랜드 출신 줄리아 모건의 더 자세한 평은 역사가들의 몫이겠고 우리는 알게 모르게 그의 건축물과 함께 생활한다. 이제 줄리아 모건이 간 지도 반세기가 지났는데 이 고장 출신인 것이 퍽 자랑스럽다.

미국 민족(American Race)

얼마 전 ≪뉴욕 타임스≫ 전면에 '흑인, 백인, 아시아인 등 젊은이들이 택하는 인종배경'이라는 제목으로 근래 미국 젊은이들이 보는 인종에관한 기사가 사진과 함께 크게 소개되었다.

스스러움 없이 그들의 여러 인종구성을 나타낸다. 일곱 명의 다양한 배경을 가진 학생들에 관한 것에 의하면, 첫 번째 학생은 일본과 아이리쉬의 혼혈, 다음 학생은 포르투갈과 흑인, 그리고 다음 학생은 하이티와 백인 혼혈, 다음은 흑인과 백인, 일본과 스패니쉬, 다음은 가나, 스코틀랜드 그리고 노르웨이. 다른 학생은 흑인과 독일 나머지 학생은 희랍과 흑인 등, 한 대학 내에 전 세계를 포함하는 인종분포를 보는 듯했다.

그들에게 인종 배경을 물으면 서슴지 않고 밝힌다. 얼마 전까지 흑인의 피가 저주 대상이었는데 이제는 주저하지 않고 밝힌다. 더구나 흑백 혼혈을 칭하는 '물라토'라는 말을 거리낌 없이 사용한다. 남부를 소재로 한 작품을 많이 쓴 윌리엄 포크너는 흑백혼혈을 비하하는 이 말을 그의 대표작 〈압살롬, 압살롬〉에서 자주 인용했다. 그가 아직 살아있으면 놀랄만한 일이겠다.

조상 출신지를 아는 백인도 있지만 어떤 사람들은 워낙 많은 피가 섞여 자신을 'mutt'이라고 한다. 즉 잡종이라는 이야기다. 그래도 자신의 성씨로 뿌리를 찾겠다는 노력이 근래 부쩍 는다. 여러 인종과 같이 지내며 알게 된 슬픈 이야기도 있다.

나의 패밀리 닥터는 얼핏 보면 지중해계로 오인 받을 수 있는 흑인 혼혈이다. 전혀 흑인 같지 않고 백인보다 더 백인이다. 1940년대 말 엔지니어였던 아버지가 백인어머니와 결혼하려 할 때 흑백 결혼을 금하는 캘리포니아 법 때문에 네바다에서 결혼했다고 한다. 그는 어머니에게서 백인아들로 자랐고, 지금 백인부인을 만나기 전까지 한 번도 흑인 여자와 데이트를 해보지 못했다고 한다. 남자끼리 하는 말이었지만 웃지도 못했다.

이외에도 인종에 관한 이야기가 많다. 예전에는 성씨만 봐도 사람의 생김생김을 짐작할 수 있었는데 이제는 그렇지가 않다. 유대 이름을 가진 흑인이 있는가 하면, 중국 성을 가진 백인도 여럿을 보았다. 오래전에 한국 사람과 하와이 혼혈도 만났는데 큰 체구의 이씨 성을 가진 그의 얼굴모습에서 어렴풋한 한국 사람을 본 정도였다.

여러 해 전에 고객의 세일스 택스 감사문제로 Board of Equalization에 갈 일이 있었다. 감사원의 이름이 '나까무라'여서 동양 사람만 찾으니 금발의 백인 여자가 찾는 사람이 자기라고 했다. 자리에 앉아 의아하게 쳐다보는 내 눈길을 의식하였는지 자신에 대해서 이야기했다. 일본계 할아버지가 영국계 할머니와 결혼하여 낳은 아버지가 백인어머니와 결혼하여 백인 같은 자기가 태어났다는 출생의 비밀을 나에게 서슴지 않고 이야기했다.

사진신부로 하와이를 거쳐 오클랜드에 정착한 한국 할머니도 생각난다. 슬하에 아들 하나 딸 셋을 두었는데 한국 사람과 연을 맺으라는 어머니의 말씀을 따르지 않아 퍽 마음이 언짢았다고 했다. 아들은 중국여자와 결혼했고 딸들은 백인, 흑인, 그리고 중국계와 짝을 지은 섭섭한 이야기를 나에게 했다.

우리에게도 주류사회에 진출한 자녀들의 한국사람 짝 찾기가 쉽지 않을 것이다. 아시아 사람들 중에 주류사회를 제일 잘 받아들인 일본계를 볼 수 있다. 그들은 다른 민족과 결혼하는 수가 아시아계에서는 가장 많다고 한다. 그들은 세계각처에서 온 이민자의 삶 속에 완전히 동화되고 있다.

어떤 사회학자의 이야기에 의하면 다른 인종간의 결합이 새로운 형태의 미국 사람을 만든다고 한다. 이를 일컬어 미국 민족(American Race)이라 하는데 백인이 아닌 전 세계인의 혼합체로 구성된 새로운 민족이라 한다. 그렇다고 남미나 멕시코에서 보는 '메스티조' 같은 거무티티한 모습이 아니고 전 세계민족의 가장 우수한 점만의 결합체인 그런 사람의 시대가 도래한다고 한다.

처음에 황당하게 들리던 말이 세월이 지나 이해가 되며 그의 말이 옳다는 생각이 근래에 부쩍 든다.

의료비의 융통성

30여 년 전 CPA사무실 첫 개업했을 때였다. 백인 고객들은 약속된 수임료를 군말없이 지불하는데 어떤 아시아 고객들은 지불할 것은 다 하면서도 꼭 한 번씩은 흥정하자고 했다. 아마 생활에서 오는 타성이었을 것이다. 인턴기간 때 선배 전문인들한테 프로패셔널로서 공인회계사가 갖추어야 될 덕목도 배운 뒤라 당황스럽고 불쾌하기도 했다. 이제 세월이 많이 지나 전문인의 수임료도 상품화되어 싼값에 고객을 유치하는 게 이상하지 않다. 내가 속한 전문인 단체에서 매 회의 때마다 자기가 하는 일을 소개하며 PR하는 순서가 있다. 회원 중에 Medical Advocacies라 하여 의료 환자의 권익을 대표하는 직업을 갖고 있는 이들한테 새로운 것을 배울 기회가 있었다. 환자들을 대신해서 의사를 포함해 병원이나 보험 회사들과 치료비 협상을 하며 기각된 보험 항목을 재검토케 하여 환불을 받아내는 등 그들의 역할이 눈에 뜨인다.

우리는 일반적으로 의사한테 치료받은 다음 보험회사에 환불신청하고 본인이 내야 되는 코페이를 지불한다. 때로는 보험회사에서 지불하지 않으면 그저 그런가 보다 하고 더 이의를 제기하지 않는다. Medical

Advocacies 하는 사람들은 보험이나 의료 분야에 전문지식을 갖고 있는 사람들이다. 내가 알고 있는 한 사람은 Practice Nurse라 하여 보통 간호사가 하는 이상의 일을 한다고 한다. 이들은 충분한 의료 지식으로 보험회사나 의료단체를 상대하여 홍정하고 협상도 마다하지 않는다. 그들의 해박한 의료 지식과 경험이 의료비를 대폭 삭감하게 한다. 이 전문인들에게 시간당 약 $50을 지불할 수도 있지만 일정한 액수로 수임료를 정할 수도 있다. 역시 이것도 협상할 수 있는가 보다. 이 직종은 새로운 전문분야로 각광을 받고 있으며 자격증을 요구하는 시대가 2, 3년 안에 올 수 있다고 한다. 소비자를 위하는 그들의 역할을 기대해 본다.

근래 이런 생각을 하며 칼럼을 준비하는데 지난 주 오클랜드 일요판에 치료비 홍정기사가 크게 났다. 의사나 병원 청구서를 홍정하는 방법을 실례를 들어가며 자세히 보도하였다. 근래 의료비 상승 때문에 환자가 부담하는 액수가 적지 않은데 소비자들은 병원 청구서를 자세히 항목별로 검토하고 할 수 있으면 액수를 홍정해야 된다는 기사였다. 의료보험을 잘 알고 있는 어떤 소비자는 치료받기 전에 의사와 상의하여 치료비를 $2,500에서 $1,000로 홍정하고 본인은 코페이 $200만 지불했다고 한다. 협상을 하지 않았다면 1,500을 지불했어야 했다. 의료비에 관한 사전 지식을 갖고 끈질기게 협상을 한 결과다. 의료 담당 상대방을 존중하며 논의하고 물건 값 홍정 같은 태도는 금물이라고 한다.

의료비의 융통성을 잘 알지 못하는 소비자들은 청구서를 받으면 이의를 제기하지 않고 지불한다. 의사나 병원에서는 할인해서라도 당장 현금 받는 것이 보험회사에서 받는 액수와 비슷하기 때문에 할인된 값에 동의한다. 큰 보험회사에서 의사나 병원에 디스카운트된 액수를 지불하는 것은 상식화된 이야기다. 더구나 보험에 들지 않은 사람들에게 보험 든 환자보다 비싼 액수로 청구 못하는 법이 있다는 것도 알아야 할 것이다. 의료분야를 잘 알지 못하면 필요 이상의 치료비를 지불하게 된다. 자신이 없다면 Medical Advocacy하는 전문인에게 의뢰하는 것도 한 방법이다. 우리말에 말만 잘하면 공짜로 떡을 얻어먹는다는 것이 어쩌면 협상을 잘하면 헐값에 필요한 것을 구입한다는 이야기가 아닌지 생각하게 한다. 지금처럼 경제가 어려울 때에 협상을 통한 상거래가 생활의 큰 도움이며, 미국을 더 잘 아는 기회가 될 것이다.

재키와 리셀

내가 부회장으로 있는 BNI(Business Network International) 오클랜드 챕터에서 매주 목요일 아침 모임이 있다. 주목적은 회원끼리 비지니스를 소개하는데 회원을 44명으로 마감하려고 한다. 현재 40명의 회원이 하는 일이 다르고 인종 구성도 달라 쉽사리 어울리지 못하는 여건인데도 우리는 비지니스 커뮤니티를 형성하며 성공적으로 모임을 이끌어 나간다. 사업문제 이외에 개인적인 일로 잘 어울리기도 한다.

매주 순번을 돌아가며 회원이 하는 일을 10분간 소개하는 시간이 있다. 이번 주 두 여자회원이 발표한 내용이 마음에 들어 같이 나눈다.

처음 순서는 나이가 60대 초인 재기 변호사의 차례다. 뉴욕 유대인 가정에서 출생하여 대학 다니다가 1970년 초에 있던 자유분방한 히피 물결에 휩싸여 전국 각지에서 온 여러 사람들과 북가주에서 코뮨을 이루고 생활을 했다. 젊음을 만끽하며 월남전을 반대하는 데모대에 참가도 하며 당시 불기 시작한 소수민족의 민권운동에 앞장서기도 했다. 집에서 갖고 온 돈과 파트타임으로 일한 돈을 염출하여 생활을 했다.

힘들었던 것은 공동체에서 환자가 발생했을 때였다. 카운티 병원에서 어렵게 치료도 받았지만 기성세대가 히피들에게 보내는 눈초리가 싫어 자연요법으로 치료를 했다고 한다. 생물시간에 배운 기초지식을 총동원하여 치료했는데 큰 병을 얻어 코뮨을 떠나는 히피동료들을 보며 인술에 헌신하겠다고 다짐을 했다.

마음을 정리하고 부모들의 도움을 받아 간호대학을 졸업한 다음 RN이 되었다. 후에 의사 못지않은 Nurse Practitioner가 되어 응급병동에서 30여 년 동안 일을 했다. 자기를 필요로 하는 곳에 지원하며 코뮨시대의 이상을 저버리지 않았다고 한다. 결혼할 사이도 없었다.

당시 뉴욕에서 은퇴한 부모가 양로원에서 적절한 대우를 못 받는 것을 보고 자기가 모시기로 했다. 그 와중에 은퇴한 사람들이 겪어야 하는 여러 어려움을 보고 그들을 위한 일을 하려고 50중반에 법과대학에 입학을 했다. 낮에는 간호사로 일하고 밤에는 공부하며 5년 전에 변호사가 되었다. 재키는 은퇴자의 법적보호를 하는 Elder Care 전문 변호사가 되었다. 지금도 봉사정신으로 시작한 20대의 생각을 저버리지 않고 자기가 택한 커리어에 혼신을 다한다.

다음에 리셀은 50대 중반 오클랜드 출신 흑인 여자다. 결손가정에서 태어나 고아원에 보내지기도 하고 포스터 홈에서 동생과 함께 생활하기도 했다. 어려울 때마다 이야기할 사람이 없어 늘 혼자 지내는 버릇이 생겼다고 한다.

커가며 사람을 피하는 성격으로 변했다. 무용에 특별한 재주가 있어서 재즈 댄스 그룹에 들어가 본격적인 연예인이 되었다. 미국 전역을 돌며 공연도 하고 여러 해 동안 영국을 포함한 유럽 각지를 순회하다가 귀국했다. 해외를 다니며 화학약품이 아닌 유기농청소법을 보고 사업 착상을 했다고 한다.

어렸을 때 포스터 홈을 돌아다니며 집 청소한 경험이 그녀가 청소업을 하게 한 동기가 되었다. 처음 사업 시작할 때 화학약품을 전혀 쓰지 않아 청소일이 퍽 힘들었다고 한다. 직원들을 설득한 결과 유기농 청소업이 이제 본격적으로 궤도에 올라 여러 사람을 고용하고 있다고 한다. 어려운 역경속의 경험이 생활수단으로 바뀐 것이다.

집을 청소하는 일이 퍽 외로운 직업인데 결손가정 때 청소경험이 외로움을 극복하는 계기도 되었다고 한다. 이제 친환경사업인 유기농 청소기법으로 사회에 기여한다고 한다.

재키나 리셀 두 사람 모두 사업의 근본을 봉사에 두고 있다. 참 마음이 훈훈해지는 발표였다. 끝난 다음 이례적으로 우리 모두 기립박수를 했다. 오랫동안 생각나게 하는 그들의 이야기다. 이런 일이 교회에서 있었다면 아마 간증이라고 했을 것이다.

이런 사람들이 우리와 함께할 때 우리의 꿈은 살아있고 우리가 소중하게 여기는 미국정신이 더 윤택하여지겠다.

재향군인의 날(Veterans Day)

매년 11월 11일은 건국 이래 2천5백만 명의 시민이 미국을 위하여 군복무를 기념하는 연방공휴일이다. 이날은 1918년 11월 11일 11시에 제1차세계대전 종전을 기념하며 재향군인의 날로 정한 것이다. 미국이 겪은 여러 전투가 있지만 이민으로 시작된 미국이어서 같은 인종으로 구성된 전투 부대도 있었다. 남북 전쟁 때 오대호 근처에 정착한 독일 이민들로 구성된 보병사단이 독일계 사단장 휘하에서 남부군과 전투한 기록이 있기는 하지만 2차대전 때 혁혁한 공훈을 세운 일본계가 중심이 된 미 육군 442전투연대에 비교가 되지 못한다.

일본이 진주만을 공격한 다음 일본계는 적성국 시민들이라 하여 징집 대상에서 제외되었다. 본토에 있던 사람들은 대통령 포고에 의하여 110,000명이 사막에 급조된 건물(Relocation Camp)에 수용되게 이르렀다. 하와이에서는 전체인구의 40%가 되는 일본계를 수용할 수가 없어 일본계 군인들을 현역에서 제외시키고 비상시 그들의 태도가 어떨지 몰라 훈련을 시킨다는 명목으로 본토 내륙지방 군사시설에 배치시켰다. 그들의 우수한 근무에 감동을 받은 군 수뇌부에서 일본계로 구성된 보병부대 창설을 허락했다. 군 당국은 하와이 출신 3,000명과 본토 출신 800여명으로 442전투연대를 창설했다.

그들은 1943년에 알제리에 상륙하며 보급수송경비임무를 맞게 되는데 백인 대대장의 요구로 전투부대로 재편성되어 이태리전투에 배치되었다. 이태리 여러 곳에서 전투하며 병력 절반을 잃는 등 당시의 치열한 전투상황을 나타내고 있다.

'안지오' 전투를 거쳐 로마 10마일 밖까지 진격하다가 군 상부 층의 명령으로 백인부대가 로마에 먼저 입성하게 한다. 치열한 전투에서 사상자도 많이 발생했다.

독일에 배치되어 전투하던 이 부대가 악명도 높은 '다카우' 수용소를 접수하며 유대인들을 해방시킨다. 442전투연대는 독일과 이태리전장에서 엄청난 전사자와 부상자들을 냈다. 전투원의 300%가 넘는 수가 전사했거나 부상당했다고 한다. 미국역사상 부대규모에 비하여 제일 많은 사상자를 냈다고 한다.

이 부대에서는 21명의 멍예훈상(Medal of Honor) 수상자가 배출되는 영광을 얻으리만치 442전투연대는 치열한 전장에 배치되곤 했다. 이 명예훈장은 전투원의 희생적인 수훈에 대하여 대통령이 주는 미국의 최고 훈장이다. 21명 중에 미국에서 가장 존경받는 정치가 다니엘 이노우에 현상원의원도 포함되어 있다. 이외에도 대통령부대 표창은 물론 개인이 받은 표창은 이루 셀 수 없으리만치 많다.

미국에 대한 이들의 헌신이 유색인종이 주류 사회동참하는데 기폭제를 만들어 준다.

전쟁이 끝난 다음 조용한 혁명을 그들은 시작했다. 정치에 참여하며 그들의 입지를 넓혀갔다. 하와이가 미국에 49주가 되는 일이 쉽지만은 않았다. 백인지도자들은 유색인종 특히 아시아계가 요구하는 동등권을 달갑게 여기지 않았지만 유럽전선에서 보여준 애국심에 감동하여 주로 승격하는 데 동의한다.

이 부대출신의 다니엘 상원의원, 스파크 마쓰나가 하원의원 이외에도 우리 동포 김영옥 대령이 있다. 1941년에 보병소위로 임관한 김 대령은 이태리 전투에서 하루만에 소위에서 대위로 특진하는 등 그의 탁월한 지도력을 인정받아 유색인종으로는 최초로 보병대대장이 되어 한국전에 참전하게 된다. 그는 한국 대통령으로부터 표창을 받고 얼마 전에 타계했다.

이 부대를 기린 영화가 제작되어 흥행에 성공도 했다. 1951년에 밴 존슨이 주연하는 'Go For Broke'라는 영화가 지금도 전설같이 남아있다. 흑인들의 희생으로 유색인종의 민권이 회복되었는가 하면 직접 참가한 전투를 초석으로 주류 사회에 정치력을 기른다.

그들의 희생으로 미합중국 제34대 육군 참모총장을 배출하기에 이르렀다. 그는 다름 아닌 하와이 출신 일본계 에릭 신세키 대장이고 이라크 전쟁의 무모함을 지적하다가 럼스펠드 국방장관에 밀려 은퇴한 장군이다. 현재 그는 오바마 정권에서 장관을 역임하고 있다.

'베테란스 데이'를 맞아 이런 사람들을 생각하며 우리 주위를 돌아보게 한다.

외국 금융 계좌

해외 금융계좌에서 발생하는 이윤의 세금보고가 제대로 되지 않아 국세청 감사에 큰 비중을 차지하고 있다. 이뿐만 아니라 탈세된 금액이 해외은행에서 세탁된 다음 미국에 역송금되어 합법적인 사업에 투자되는 일은 비단 어제 오늘만의 이야기가 아니다. 폭력조직이나 테러리스트가 가장 잘 쓰는 방법이기도 하지만 일반 납세자들도 예외는 아니기 때문이다. 9 · 11사태가 나고부터는 여러 방법의 금융 통제법이 시행되고 있다. 정부는 근본적으로 불법적인 돈의 흐름을 파악하고 불법 금융거래를 차단하는 노력을 하고 있다. 국제기구를 통한 검은 돈을 차단하려는 미국의 노력은 제3세계 나라들의 비협조로 공동 전선구축이 쉽지만은 않다고 한다.

9 · 11 이전에는 은행 구좌 개설이 어렵지 않았고 웬만한 하자는 그냥 넘어가곤 했다. 그러다가 미국역사상 제일 큰 테러 사태를 맞고서 새로운 법들이 제정되었다. 그중에 주목할 만한 것이 현금 $10,000이상을 입금하거나 인출할 때에는 금융당국에서 국세청에 보고하는 규정이다. 전에도 유사한 조항은 있었지만 그리 심하게 적용되지는 않았

다. 정부는 Bank Secrecy Act를 통하여 은행에 까다로운 서류비치를 요구하기 시작했다. 은행에서는 창구 직원들이 상대 고객의 얼굴까지 기억하게 하는 'Know Your customer'라는 캠페인을 벌이기도 했다. 당시 오클랜드에 있는 ULB은행의 사외 이사로 있을 때 연방 재무부에서 각 이사들에게 은행 재교육을 의무화하고 매년 재정 감사 때마다 새로운 시행령의 이수 여부를 따지기 시작했다. 일반적으로 법준수에 몸이 밴 이곳 사람들은 새로운 환경에 곧 적응을 했다. 당시 나는 은행 내부감사와 함께 이사들과 직원들의 교육도 책임지고 있었다.

이번에 마감일이 다가오는 양식은 제대로 보고하면 별게 아닌데 늦게 제출하거나 허위 기재했을 때 받는 벌금은 웃을 일이 아니다. 6월 30일까지 보고해야 되는 TD F 90-22.1(Report of Foreign Bank and Financial Accounts) 양식은 퍽 자세하게 외국에 입금된 은행구좌를 기재하게 되어 있다. 일 년 열두 달에서 한 번이라도 액수가 $10,000 이상이면 보고해야 된다. 은행구좌 이외에도 주식이나 저축, 현금 가치가 있는 보험, 뮤추얼 펀드 등 쉽게 현금화할 수 있는 계좌는 다 포함된다. 미국시민이나 영주권자의 대리인도 보고 의무가 있다. 그리고 외국회사의 은행계좌 서명권한을 갖고 있는 사람도 이 보고 범주에 속한다. 해당되는 사람은 자연인 이외에 법인도 포함된다. 일반 국세청 보고서는 우체국 소인을 납부일자로 간주하는데 이 서식은 재무부에 접수된 날짜로 따지니 보고자의 의무가 더 무겁다. 이 날짜를 준수하기 위하여 여러 날 전에 보내야 할 것이다.

이 양식은 크게 네 가지로 나뉘어져 있다. 첫 번째 항목은 납세자 개인 소유액수를 기재하고 두 번째는 다른 사람과 같이 소유한 계좌,

세 번째는 실제 소유권은 없지만 구좌 개설이나 인출할 수 있는 권한이 있는 자 그리고 네 번째는 여러 가지 구좌를 연계하여 보고하게 하는 항목이다. 아주 자세한 자료를 요청하는 재무부의 서식이다. 이렇게 여러 항목으로 구분된 보고서를 마감날까지 제출하지 않으면 민사법에 의하여 $10,000 벌금이 부과되지만 허위 보고는 형사법으로 벌금이 $100,000이거나 금융계좌의 50%이상 액수 중에서 큰 액수를 징수할 수 있다. 듣기로는 타 주의 어떤 동포는 고의적으로 보고하지 않았다고 하여 추징금 $200,000 이상 납부했다는 이야기를 들었다. 제대로 보고를 했으면 괜찮을 것을 이런 낭패를 당한 것이다. 한동안 우리 동포 사회에서 이자율이 높은 한국은행에 송금하여 방문 때 이자를 찾아 쓰는 경우를 자주 보았다. 예금액이 $10,000 이상이면 보고를 했어야 한다. 우리 부부도 이런 제안을 받은 적이 있다. 세법상으로 예전에는 이자만 보고하면 됐는데 이제는 경우가 다르다. 이제 며칠 남지 않은 마감일 전에 보고해야 재정적인 손실을 피할 수 있다. 본인이 작성해도 되겠지만 CPA를 위시한 전문가에 의뢰하는 게 상책일 것이다.

안네 프랑크 나무

역사를 다음세대에 알려주는 것은 값진 역사가 세월이 지나며 잊는 것을 막기 위함이고 전달과정을 통하여 역사의 교훈을 마음에 각인하는 데 큰 의미가 있을 것이다. 역사는 아름다운 것만이 아니라 그 속에서 의미를 찾고 오늘을 아는 데 큰 도움이 되고 뜻이 있는 것이다. 올해는 나치독일의 잔학성을 전 세계에 알린 소녀가 수용소에서 죽은 지 65년이 된다. 독일계 유대인 안네 프랑크는 16세에 세상을 떠났다. 그녀의 가족은 미국으로 피난가려고 2차대전 때 독일을 벗어나 화란으로 갔다가 나치독일의 전쟁 상대국인 미국이 대사관을 폐쇄하면서 암스텔담에서 피신 생활을 한다. 어렵게 구한 공장 위층에 피난처를 정하고 가족과 친척 8명이 좁은 공간에서 2년여를 숨어살다가 주위의 밀고로 게스타포에 체포되었다. 그들은 유대인 수용소에 수감되고 아버지를 제외하고는 모두 병에 걸리거나 독가스실에서 죽어갔다. 안네 프랑크는 영양실조와 장질부사로, 어머니는 정신이상으로 세상을 떠났다. 안네의 일기는 1942년 6월 12일에서 1945년 3월 12일까지 기록되어 있다. 고향인 독일 프랑크푸르트를 떠나 암스테르담에 숨어 지내며 '키티'라고 이름을 붙인 일기장에 매일 단조롭고 위험한 생활 중에 창밖을 보며 자신과 주위에 일어나는 일을 기록했다.

안네는 공장 건물 옆에 있는 밤나무를 바라보며 일기를 쓰는 것이 일과였다. 어느 날 일기에는 창가에 앉아 파란 하늘을 바라보았다는 글이 있었다. 잎이 앙상한 밤나무가지에 매달린 빗방울 사이로 새들이 자유롭게 날고 있다고 하며 자신도 새처럼 날고 싶다는 자유에 대한 그리움을 이야기한다. 그리고 1944년 2월 23일자에는 아름다운 햇살과 구름 한 점 없는 하늘이 있는 한 행복할 수밖에 없다며 자유함을 포기하지 않는다고 이야기한다. 나무에 꽃이 피고 지는 과정을 보며 절망과 때로는 환희를 경험하며 일기는 계속된다. 하지만 영국군이 수용소를 해방하기 며칠 전에 안네는 병으로 죽는다. 유일하게 생존한 그의 아버지 오토 프랑크에 의하여 1947년에 사춘기 소녀의 눈으로 본 피신 생활의 어려움과 자연의 기쁨을 쓴 이야기가 세상의 빛을 보게 된다. 비극 속에서 희망을 잃지 않은 소녀가 우리에게 들려주는 글이다. ≪안네 프랑크의 일기≫는 전 세계적으로 희생된 홀러커스트의 비극을 상징한 책이 되기도 한다. 이스라엘은 마사다와 안네 프랑크의 비극을 상기하며 다시는 이런 일이 없어야 된다고 'Never Again'을 건국과정에서 다짐했다.

안네가 숨어 살며 바라본 나무를 전쟁이 끝난 이후에 '안네 프랑크 나무'라고 명명한 다음 이 유적지를 찾아오는 발길이 끊이지 않는다. 150여 년 되는 병든 나무를 제거하려 할 때 세계적인 반대에 부딪쳐 암스텔담 시 당국은 이 나무를 보존하기로 했다. 나무가 갖는 역사의 뜻을 기리기 위하여 지난 12월에 이 나무에서 150개의 묘목을 채집하는 데 성공했다. 그중에 미국에 11개와 일본에는 7개가 보내졌다. 미국에 보내진 것 중에 백악관과 테러리스트에 의하여 파괴된 뉴욕기념관에 보내졌다. 캘리포니아에는 유일하게 나의 모교 'Sonoma State University'에 보내졌다는 연락을 동창회에서 받고 마음 벅찬 경험을 했다. 그리고 ≪샌프란시스코 크로니컬≫지 전면에 이 사실이 보도되었다. 내가 졸업한 후 약 10여 년 후부터 시작한 홀로코스트 기념 학술대회 개최가 묘목을 받게 된 동기가 되었다. 학교에서는 18인치 묘목을 그늘에서 키우다가 교정 연못가에 기념조각과 함께 심는다고 한다. 모교 조각과 교수가 창작한 조형물은 이미 자리를 잡고 안네 프랑크 나무를 기다리고 있다. 이렇게 하여 자유를 갈망한 안네 프랑크의 유산은 우리에게 전달되고 우리는 보전하여 다음 세대에 넘기는 징검다리 역할을 한다. 역사를 제대로 받아들일 때 비로소 어두운 역사를 반복하는 우를 범하지 않는다. 캘리포니아에서 유일하게 묘목이 뜻하는 전통을 받은 내 모교가 참 자랑스럽다.

샘에게

≪마이애미 헤럴드≫의 '레오나드 피츠' 칼럼니스트의 글이 오사마 빈 라덴이 사살된 지 일주일 되는 지난 일요일자 신문에 났다. 퓰리처 논설상을 받기도 한 잘 알려진 언론인이다. 미국사람들의 마음을 가장 잘 표현한 글이어서 같이 나누고 싶어 소개한다.

오사마 사살을 달리 보는 이민자의 견해도 있겠지만 미국사람들이 느끼는 기쁨에 우리도 참여해야겠다. 우리가 겉으로 보는 미국사람보다는 그들의 마음을 헤아리며 그들의 편에 서서 주류사회를 보는 계기다. 그는 오사마 빈 라덴이라 하지 않고 가장 미국사람이 부르기 쉬운 샘(Sam)이라고 부른다. Osama이름 중간에서 땄는가 보다. 죽은 테러리스트 수장에게 쓰는 작별 형식의 글이다. 그의 글을 요약해서 옮기며 공감하는 바가 적지 않다.

샘에게, 이제 자네한테 쓰는 마지막 편지가 되겠네. 하기야 자네가 있는 곳은 신문도 없어서 읽을 수는 없겠지만 이렇게 내 마음을 보내네. 내가 처음 자네한테 쓴 편지는 9년 전 구름도 없이 청명한 날 자네

부하 19명이 여객기 4대를 납치하여 우리에게 큰 상처를 입혔을 때였지. 두 대는 월드트레딩센터에 충돌 폭파했고 한 대는 펜타곤 건물근처에 그리고 나머지 한 대는 펜실베이니아 농촌에 추락했네. 3,000명 죽음 앞에 나는 할 말을 잃었고 분노를 삭히지 못했어. 당시에 누군지도 모르는 자네를 나는 악마라고, 짐승이라고 했고 개자식이라고 했지. 자네가 우리의 피를 흘리게 했고 우리에게는 치욕적인 날이었어.

내가 그때 자네한테 경고했어. 우리는 절대로 패배하지 않는다고 그리고 꼭 복수를 하고야 말 것이라고 말이야. 우리를 화나게 하면 우리는 가만있지 않는다고 우리가 갖고 있는 모든 것과 마음을 합쳐 꼭 복수를 하고야 말겠다는, 우리의 마음에 불을 질러 놓았어. 우리는 피의 값을 되찾기 위하여 우리가 어떤 희생을 감수하든지 어떤 값을 치르든지 그리고 아무리 오래 걸리더라도 자네한테 복수를 하겠고 정의가 승리하는 날까지 우리를 보여주리라고 다짐했네.

한동안은 우리의 결심이 너무 헛되게 되지 않나 하는 생각에 우려도 했었어. 우리가 빈틈없이 쳐놓은 그물에 자네나 자네 부하들은 참 잘 피해 나가기도 했지. 그러다가 운명의 일요일이 왔고 우리가 자네 패거리한테 약속한 일들을 해내고야 말았지. 우리는 파키스탄 안가에 숨어있던 자네를 사살하고야 말았어. 우리의 정예군이 자네를 끝까지 추적하여 목적을 달성했지. 우리의 의지를 잠시 의심했던 나를 책망도 했네. 우리는 뉴스를 접하고 환성을 질렀네. 사람을 죽이는 것을 좋아할 사람은 없었고 나도 예외는 아니었지. 우리는 할 것을 했네. 차라리 자네를 생포하여 자네가 그리도 증오하던 우리들에게 심판을 받게 하고 싶은 내 마음이었네. 비행장 검색대에서 마시던 물병을 버릴 때 자네를 생각했고, 워싱턴 D.C. 관공서 건물에 쳐진 철책을 보고 자네를 생각 했지. 성난 미국정치인이 자네들의 성지인 메카를 폭격하자고 했을 때 자네 얼굴이 떠올랐네. 자네들이 그리 아끼고 숭배하는 이슬람 Sharia 관습법 통제가 우리 의회에서 거론될 때 자네 패거리들이 우리 미국을 얼마나 바꾸었는지를 볼 때마다 자네 얼굴이 지워지지 않았네.

자네는 우리를 공포의 도가니 속으로 밀어 넣으려 했고 그리고 우리의 힘을 빼려 했지만 우리를 꺾지 못했네. 우리를 중동지역에서 내몰지도 못했고 자네 패거리들은 완전히 실패했네. 우리는 자네 패거리뿐만 아니라 자네들을 음으로 양으로 돕는 자들을 끝까지 추격할 결세. 자네들이 만들어낸 정의가 어떤 것인지는 몰라도 무차별하게 부녀자와 양민을 살해한 자네들의 만용을 용서할 수 없고 더구나 종교의 이름으로 저지른 테러는 역사 속에서 저주받을 일이야.

자네의 운명은 10년 전 월드트레이딩센터 건물을 폭파하면서 정해졌어. 사살되고 시신은 바닷속에 장사지내어진다는 사실 말일세. 나는 우리 군과 정보기관이 해낸 업적은 그들의 끊임없는 훈련과 용기가 가져다 준 결과라고 자랑을 했네. 그리고 네 개의 낱말이 수장되는 자네의 시체에 각인되었을 것이야. 우리는 우리말에 책임진다는 'I told you so'라네.

05 인생역전

인생역전

여러 가지 형태로 우리는 인생을 살고 있다. 어떤 이들은 틀에 짜인 대로 초등학교를 거쳐 중 · 고등학교 그리고 대학을 나와 가정을 이루며 산다. 말단에서 시작해 승진도 하고 어느 기에 은퇴를 하게 된다. 그런가 하면 한참 잘나가다가 뜻한바 있다고 현재 있는 직장을 집어치우고 자기 적성에 맞는 곳을 찾거나 혹은 꿈을 이루기 위하여 사업을 시작하는 사람도 있다.

어떤 사람들은 늦은 나이에 학교도 간다. 이럴 때마다 뒷걸음을 치기도 하며 새로운 도전을 한다. 인생행로를 바꾼다 하여도 주위는 고려해야 된다.

내 친구의 아버지는 나이가 40이 넘어 잘나가던 고급 공무원직을 그만두고 신학교에 입학하였다. 3명의 자녀들은 졸지에 고학생으로 전락하게 되고 어머니는 행상을 하며 아버지를 도왔다. 엄청난 가족의 희생이었다.

아버지는 목회자가 되었어도 가정을 그렇게 무책임하게 만든 종교가 싫다고 자녀들은 교회를 아주 떠났다는 이야기도 있다.

나도 여러 가지를 경험했다. 한국 대학에서 전공을 정하지 못하고 고민을 하다가 20대 말에 미국 유학을 왔다. 대학 다니며 우연한 기회에 동무 따라 강남 간다고 회계학을 하게 되고 북가주에서 동포로서는 두 번째 공인회계사가 되었다.

나도 여러 번 뒷걸음질을 쳤다.

이렇게 되기까지 나에게 용기를 준 사건이 있다. 대학을 다니던 60년대 말 서울에서 같은 직장 동료가 미국에 온다 하여 샌프란시스코 비행장에 마중을 나갔다. 서울발 노스웨스트가 연착을 해서 무료하게 기다리는데 점잖게 생긴 미군사병이 내 옆자리에 앉는다. 풍채나 행동거지가 그가 달고 있는 병장 계급장에 걸맞지 않았다. 그냥 한동안 앉아 있다가 우리는 이야기를 시작했다.

내가 한국 사람이라고 하니 그도 한국에서 복무하기도 했고 지금은 월남에서 오는 길이라고 한다. 이제 고향에 가면 군에서 제대한다고 한다. 계급을 자꾸 쳐다보는 나에게 빙그레 웃으며 왜 자꾸 쳐다보는지 알겠다고 하며 이야기를 꺼낸다.

본인은 3년전까지만 해도 육군 소령이었다고 한다. ROTC 출신인 그는 17년 군대 생활을 했는데 계급정년에 걸려 은퇴금도 받지 못하고 퇴직하게 되었다고 한다.

3년만 더 복무하면 은퇴연금을 받게 되는데 영관장교가 포화 상태인 당시에 보직이 없었다고 했다. 계속하여 군 당국에 탄원도 내고 수소문을 하니 사병으로 입대하여 3년만 복무하면 20년 연금자격이 주어진다고 했다. 은퇴할 때는 소령연금을 받는다 하여 40이 넘어 상등병으로 재입대했다고 한다. 그는 의무병을 지원하여 여러 가지 의료기술도 배웠다. 처음에는 사병생활이 이상하더니 나름대로 잘 적응하며 3년을 마쳤다고 한다. 이제 연금도 받게 되며 의료 계통 직업을 알선 받았다는 것이다.

사병 생활에 아니꼬운 일은 없었느냐고 하니 영화배우 존웨인 같은 웃음을 씩 웃는다. 당시에 나도 군대에서 제대한 지 얼마되지 않아 군 조직을 잘 아는데 한국군에서는 생각할 수도 없는 일이라고 하니 또 한 번 씨익 웃으며 인생을 길게 보며 도약을 위하여 몇 걸음 뒤로 물러서는 것도 괜찮다고 한다. 그는 비행기 탑승 시간이 됐다고 일어서며 악수를 청한다.

실망이 될 때, 마음이 답답할 때, 인생을 길게 보며 살라고 하던 그가 생각나 내게 용기를 준 적도 여러 번 있었다.

이렇게 우리는 살며 계획되지 않은 만남에서 배우게 되고 좋은 경험을 하게 한다. 지금도 우연한 기회에 그와의 만남을 소중하게 생각한다.

이제 고희가 얼마 남지 않은 이때 혹시 거꾸로 갈 일이 없는지 주위를 살펴보고 그처럼 씩 웃어도 본다. 어렵고 힘들게 살아 온 내 인생인데 구비마다 소중한 만남과 값비싼 경험이 피안 저쪽에서 기다리고 있었다.

나이 든 청년

시인 사무엘 울만(Samuel Ullman 1840-1924)은 그가 78세에 쓴 시 〈청춘〉에 이렇게 이야기했다. 청춘이란 어떤 기간이 아니라 마음의 상태를 말한다. 때로는 20세 청년보다 70세 노인에게 청춘이 있다. 나이를 더해가는 것만으로 사람은 늙지 않는다. 이상과 열정을 잃어버릴 때 비로소 늙는다. 그는 거의 1세기 전 사람이다. 그 당시 70여 세면 아마 지금 나이로 90이 훨씬 넘은 나이에 쓴 작품에 이런 구절이 있는 것이다. 이러한 사실이 지금 우리에게 도전을 주며 다시 생각하게 하는가 보다.

근래 이야기하듯이 나이는 그저 숫자에 불과하다는 것을 알면서도 어떤 용단을 내리지 않고 시간을 보내다 생을 마치는 모습을 주위에서 자주 본다. 이상과 정열을 상실할 때 인생을 더 살아야 할 의미를 잃어버리고 쉽게 떠나는 모습이다. 이번에 귀향길에 50여 년 전 학교 동창을 여럿 만나 보니 삶의 목표를 잃고 그저 생을 이어 가는 사람이 있는가 하면 몇 사람은 지금도 꾸준히 자기의 앞날을 헤쳐 나가며 내일을 바라본다. 참 보기가 좋았다.

오클랜드 레이더스 풋볼팀의 전설적인 선수 16번 조지 블랜다가 83세로 세상을 떠났다는 전면기사를 어제 읽었다. 그의 세상 떠난 나이도 그랬지만 40여 년 전 그의 전성기 때 나이가 40대였다. 그는 당시 아들뻘 되는 선수들과 뛰면서 그의 운동기량을 최대한 발휘했다. 마치 한국 축구선수 차범근과 그 아들 차두리가 구장에서 같이 경기하는 모습과 같았을 것이다. 그가 1967년 레이더스 구단에 합류했을 때가 40이 넘은 나이였다. 26년 동안 그의 NFL과 AFL에서 맹 활약상은 글로다 옮길 수 없을 정도이다. 오클랜드 레이더스에서 키커로 그리고 쿼터백으로 명성을 날렸다.

더구나 당시 NFL 수퍼볼 챔피언십을 몇 번 얻은 터프한 레이더스의 상징적인 선수였다. 당시의 전설적인 쿼터백 '대럴 라모니카'나 뱀(snake)이라고 불리던 '케니 스테이블러' 등과 어깨를 겨루며 레이더스를 대표했다. 이렇게 40이 넘기까지 미식축구 선수로 뛴 선수가 그 이후에는 별로 없다. 그리고 그는 나이는 숫자에 불과하다는 것을 몸소 보여주었다. 그의 풋볼에 대한 정열과 이상이 그를 할아버지라고 부르던 동료 선수와 함께 뛰게 했다. 노력 없이 그런 경지에 도달한 게 아니고 그는 끊임없는 목표 설정과 끈질긴 정열이 그를 성공적인 운동선수로 만들었을 것이다.

그런가 하면 내가 CPA 개업할 때 나의 멘토가 되어 주었던 분은 62세가 되며 병약한 부인을 간호하려고 은퇴하였다. 모두 부러워하는 직위를 마다하고 떠났다. 그리고 잠시 부인의 병을 수발하며 그동안 방치했던 집 수리와 그가 즐겨하던 가구 만들기 등을 하다가 2년 만에 세상을 떠났다. 백인인 그를 나는 친구처럼 형님처럼 대하며 가까이 지내던 사이였다. 은퇴한 다음 목표 없는 생활의 단조로움이 그를 죽음에 이르게 했다고 그의 부인은 오열하며 나에게 이야기했다. 어떤 때는 아침에 일어나 할 일을 찾지 못하고 멍한 생각에 잠겨있는 그를 여러 번 보았다고 한다. 그가 그렇게 젊은 나이에 은퇴만 하지 않았어도 그는 아직 살아있을 것이다. 그의 정열과 이상은 평생 노동조합원의 복지를 위한 일이었다. 은퇴하며 삶의 의미를 잃어버린 게 그의 죽음을 재촉했나 보다.

조지 블랜다의 사망소식을 들으며 여러 가지 생각이 든다. 그는 정녕코 울만의 시처럼 나이 든 청년으로 그의 자식뻘에 가까운 선수들과 활약하였고 은퇴하여 천수를 누렸다. 그리고 존은 목표 없는 은퇴생활을 하다가 일찍 떠났다. 나도 전에는 65세가 되면 사무실 일과 학교에서 가르치는 일에서 은퇴하려고도 했다. 생각을 바꾸어 일할 수 있을 때까지 하며 정열과 이상을 잃지 않는 그런 나이 든 청년으로 살고 싶다고 다짐도 한다. 그리고 울만의 시를 다시 읽었다.

버니 워드

지난 5월 9일자 ≪샌프란시스코 크로니컬≫지에 그동안 가장 리버럴한 방송 토크쇼 호스트 버니 워드가 연방법원에서 유죄를 인정받고 이제 판결 날짜만 남았다는 기사가 났다. 죄목은 성이 묘사된 아동나체 사진을 배포한 혐의로 처음에는 본인 연구에 이용하려 했다는 변명이었고, 꼭 한번만 타인에게 배포했다고 그는 주장했다. 검찰 기록에 의하면 몇 수백 번 배포했다는 사실이 밝혀져서 어쩌지 못해 인정했다 하는 이야기다.

워드는 연방 헌법에 보장된 언론의 자유를 들어 기소를 피해 가려 했지만 성이 묘사된 아동사진 금지법을 피할 수는 없었는가 보다. 더구나 녹음으로 제보된 버니워드가 아동사진을 보며 환상에 빠진다는 이야기가 그를 옭아매는 사슬이 되고 말았다.

나이가 57세인 워드는 이곳에서 유명한 KGO 방송의 토크쇼 진행자로 근 10여 년간 방송 청취자에게는 낯익은 이름이다. 그의 리버럴한 사상을 좋아하는 사람도 있었는가 하면 그의 불손하고 오만한 태도에 식상한 사람도 많았다고 한다. 전화 대담하다가 그와 의견을 달리하면

"Goodbye." 하며 전화 끊는 무례한 경우도 나도 여러 번 들었다. 이 사람은 날카로운 언사와 리버럴한 입장에서 기독교를 싸잡아 비난 하는 일이 빈번했다. 해박한 성경지식에 놀라기도 했는데 자신의 말대로 천주교 신부였다고 한다. 일요일 아침에 진행하는 그의 생방송은 워드와 일가견을 나누려고 캘리포니아 전체에서 걸려오는 전화로 늘 붐비었다.

한동안 그는 방송을 자유자재로 통제하는 힘으로 자신이 절대자처럼 착각하기도 했다고, 그를 아는 사람들의 후일담이다. 그의 오만한 방송 내용도 그의 안하무인함과 무관하지 않았을 것이다. 즉 그가 하는 말이 하나님의 말이거나 아니면 자기가 하나님의 말을 대변한다고 착각했을 것이라고 했다.

나도 아침에 교회 가는 시간에 나오는 이 방송이 때로는 기다려지기도 했다. "God's Talk"라는 그의 프로그램은 때에 따라 코미디 같기도 했지만 그의 박식한 신학지식이 더 색채를 더 했는지도 모르겠다. 샌프란시스코에 가톨릭 명문 고등학교인 세인트 이그나시우스 졸업생이고 USF와 버클리의 GTU를 거쳐 신부 서품 받고 2년여 봉직하다가 자기도 결혼하여 자식도 갖겠다 하며 성직을 떠났다. 그후 학교 선생도 하고 상원의원 박서의 보좌관도 하며 지역사회 일에 열성을 다했다고 한다.

1995년에 KGO 방송사에 취직이 되고 얼마 후에 종교 생방송을 시작한 사람이다. 취직된 지 얼마 후에는 당시 여러 가지 스캔들로 어려움에 처해 있던 천주교 샌프란시스코 교구청 비리를 버니 워드는 일간신문 기자와 함께 파헤치는 아이러니도 있었다. 신부였을 때 이 교구에 적을 두고 있었고 교구 내부 사정을 잘 알고 있었다고 한다. 이 사람 때문에 교구 지도자 몇 사람이 아동 성추행혐의로 체포되고 그리고 어떤 교구 지도자는 교회 공금횡령 혐의로 조사를 받는 기사가 매일 신문에 대문짝만하게 보도되기도 했다. 아일랜드와 이태리계 천주교인이 많은 베이 지역에서 이런 비리를 파헤친다는 게 쉽지만은 않았을 것이다. 후에 알려진 일이지만 방송과 신문이 종교단체로부터 많은 압력을 받았다고 한다.

KGO 방송은 이 사람 프로 때문에 청취자수도 많이 증가했다고 한다. 따라서 상업수단으로 이 사람의 가치는 대단했다. 또 지역사회를 위한 모금운동에 많은 액수도 모으기까지 한 참 재주가 많은 사람이었다고 신문은 보도한다.

방송진행도 잘하고 수완도 좋고 좀 건방지지만 하나님에 대한 믿음이 대단했던 한 인간의 끝없이 추락하는 기사를 보며 동정도 갔다. 여러 해 동안 그의 프로 애청자였던 나는 처음에는 분노도 느꼈지만 한 인간의 파멸을 보며 여러 가지 생각을 하게 된다. 여러 해 전 버트 랑가스터가 주연한 싱크리어 루이스 원작 〈엘마 겐트리〉를 보는 듯하다. 이렇게 이중생활하는 사람들이 주류사회에만 있는 것이 아니고 종교단체가 아닌 이민 커뮤니티에도 없는지 우리도 되돌아봐야 되지 않을까 하는 생각이 든다. 이런 이중생활이 문화의 이질에서 어려움을 겪는 이민 사회에서 더 쉽게 자리를 잡을 수 있다고 한 어떤 사회학자의 말이 기억난다.

방송인 폴 하비

3월 1일자 ≪크로니컬≫지에 방송인 폴 하비의 부고가 실렸다. 90세에 인생을 마친 방송계 거장의 타계가 많은 사람들에게 슬픔을 가져왔다. 그가 하던 〈헬로 아메리카〉 프로그램은 나도 지난 30여 년 넘게 출근길에 듣던 방송이다. 전국적으로 1600군데 라디오 방송과 신디케이트한 이 프로그램은 오전 8시경에 5분 그리고 정오에 15분간 일주일에 6일 동안 지난 50여 년간 해왔다.

그의 목소리는 90이 가까운 사람의 것이라고 생각할 수 없게 박력이 있고 위트가 넘치는 재담꾼이었다. 그의 업적은 점차 위축되어가는 미국 보수층을 격려하고 보호한 일이었다. 그를 일컬어 중산층을 아우르고 주류사회의 정신적인 지도자이며 사이랜트 매조리티의 대변인이라고까지 이야기했다. 그를 제2차대전 때 유명 방송인 로웰 토마스와 가브리엘 히티 같은 사람들에 비교하기도 하고 현재 인기 방송인 하워드 스턴이나 러쉬 램보 같은 사람들 못지않은 전문인이라 하기도 했다.

아직도 보수층에서는 지난날의 대한 향수가 대단하고 그들 나름대로 구축한 문화의 영역에서 벗어나려 하지 않는다. TV가 판을 치는 이때 우리 생각보다 많은 사람들이 라디오를 애청하고 있다. 폴 하비를 가리켜 미국중산층의 마음을 말로 사로잡은 방송인이었다 한다. 매일 미국 전역에서 2천400만 명이 그의 방송을 듣고 있었다. 구수하고 텁텁한 그의 말 속에 현대를 비판하는 날카로움이 있었다. 그는 프로그램에서 뉴스해설과 함께 그의 의견도 가미한 특이한 방송으로 인기를 그동안 유지하고 있었다고 한다. 주위에서 그는 운이 좋아 존 케네디 대통령의 아버지 조넵 케네디와 인연을 맺어 그 덕에 방송계진출하게 되었는데도 케네디 가족이 정계에 거두가 된 다음에도 비평할 일이 있을 때면 주춤하지 않아 그들의 가족으로부터 섭섭한 뜻을 전해받기도 했다.

적극적인 보수주의자인 폴 하비는 1950년대에 미국정계에서 공산주의자들을 축출하려는 매카시즘에 편승하는 등 공화당 보수 정치에 적극성을 보이기도 했다. 이 대열에 끼며 더러운 일은 누군가 해야 되는데 자기 같은 우악한 사람(Roughneck)의 몰이였다고 후일에 겸손하게 이야기도 했다.

1960년대에서 불고 있던 급진사상에 퍽 실망을 했고 자기는 미국을 떠나지 않았는데 미국이 자기를 떠났다고까지 이야기를 했다. 동성주의자들을 그는 방송에서 맹비난했고 좌파급진 세력들과 급진 흑인운동가들을 거침없이 질타했다. 그의 가장 인상적인 방송은 닉슨 대통령이 월남전을 캄보디아까지 확산할 때 그의 정치적인 잘못을 생방송에서 "대통령께서는 지금 잘못하고 계십니다."라고 지적하리만큼 배포도 큰 사람이었다. 그는 사형제도 부활을 찬성했고 세금인상과 흑백통합방편으로 선택한 '버싱'을 반대하면서도 인권 평등개정안이나 여자가 낙태

할 수 있는 권리를 두둔했다. 더구나 기독교 가치관의 영향을 다른 종교인들에게 주려는 행위들을 극구 비난하기도 한 폭넓게 현실에 참여한 사람이었다.

그의 1998년 인터뷰에서 "나는 내 뜻을 굽히지 않는다. 그리고 청취자들과 함께 뜻을 나눈다. 내가 전 세계를 바꾸려 하지 않으며 내가 할 수 있으면 나와 같은 생각하는 대다수의 사람들을 보호 하고 싶다." 고 겸손하게 이야기하기도 했다.

그가 80세에 접어들며 10년간 방송 재계약을 하리만큼 노익장 과시는 물론 일의 성취감이 왕성하며 폭 넓게 살다가간 방송인이었다. 이런 사람들이 미국의 정신과 밸류를 지키는가 보다. 이 나라가 미국의 건국정신에 반대되는 길로 갈 때 자기의 온몸을 바쳐 지키는 진정한 애국자를 얻을 것이다. 이런 사람들 때문에 자칫하다가는 밀려오는 이민이나 새로운 시대적 사조 때문에 희석되려는 미국정신이 유지되고 다음세대까지 이어져 간다.

그는 2005년에 대통령자유상을 받았다. 민간에게 미국에서 주는 가장 큰 상이다. 90세까지 열심히 쉬지 않고 일을 한 하비 씨가 세상을 떠난 지 몇 주가 지났는데 아침 출근길에 그의 낯익은 방송이 기다려지는 것은 나 혼자만은 아닐 것이다.

미스터리 워시퍼

미국에 있는 크고 작은 교회들이 사회변화에 부응하기 위하여 기업에서 사용하는 경영이론과 정책을 교회운영에 도입하고 있다고 최근 언론에 보도되고 있다. 교회 다니는 미국성인들 44%가 여러 가지 이유로 교회를 다른 곳으로 옮긴다고 한다. 떠나는 교인들의 여러 가지 문제도 있겠지만 사회의 변동과 인구 이동에 원인도 있고 커뮤니티의 변화에 적응하지 못하는 이유가 더 크다고 한다.

새로운 교회로 옮긴 교인들은 그 교회의 잘못된 꼬투리만 잡으려고 하며 떠날 구실만 찾는다고 한다. 이렇게 변화해가는 교인들을 놓치지 않으려고 교회는 여러 가지 구상을 한다. 그중에 두드러지게 나타나는 현상이 교회 컨설팅 회사를 찾는 것이다.

어떤 용역회사는 15개부터 20여 개의 교회에 정기적인 서비스를 제공하고 있다. 그들은 교회전체 운영에서부터 건물 수리상태를 점검하여 교회에 보고한다. 공인회계사가 일 년에 한 번씩 회계감사하는 것은 오래전부터 있었던 일이고 그다지 새로운 일이 아니다. 내 회계사무실에서는 10여 년 이상 미국교회 회계업무 서비스를 하고 있다. 회계 연도가 끝나면 당회에 마치 주식회사 주주총회처럼 재무제표를 보고하고 다음해 예산작성도 돕고 있다. 처음에는 좀 생소하더니 이제는 스스럼없이 이 일에 임하게 된다.

소매 업체에서는 미스터리 샤퍼(mystery shopper)라 하여 용역회사 직원이 고객처럼 상품을 구입한 다음 매장의 정돈 상태와 고객을 대하는 종업원의 서비스 태도 등을 요약하여 보고한다. 용역 회사 보고서를 근거로 운영발전을 해 나간다. 교회에서는 용역 회사 직원들을 미스터리 워시퍼(mystery worshipper)로 고용한다. 목적은 마찬가지다. 교회에서 보지 못하는 것을 제 삼자의 눈으로 보고자 한다.

미스터리 워시퍼는 거의가 목회자 신분을 갖고 있는 사람들이다. 그들은 예배에 참석하여 평신도 입장에서 듣는 설교와 전체교회 상태를 교회 측에 보고한다. 그들은 의자(pew)의 청소 상태, 비품의 정돈 상태, 주일학교의 교과과정과 비품관리, 그리고 변소 청결상태를 자세하게 파헤친다. 다른 교인들이 보지 않는 데서 기록도 하며 디지털 카메라로 사진도 찍는다. 이들이 더 눈여겨보는 것은 안내원들이 새 교인이나 방문객 맞는 태도다. 새 교인들을 진심으로 환영하지 않으며 관심을 기울이지도 않는다. 기존 교인들의 오만한 태도와 무관심이 새 교인들을 쫓아내는 제일 큰 이유라고도 지적한다.

토마스 해리슨 목사는 '하나님의 성회' 교단에서 안수 받은 다음 여러 교회에서 부목사를 하다가 사임하고 매니지먼트 컨설팅 회사를 차려 주로 미스터리 워시퍼로 일을 한다. 한번 교회 탐방하는 데 경비 포함하여 $1,500에서 $2,500 받는다고 한다. 그가 작성하는 보고서가 60여 페이지에 다다르고 까다롭기로 정평이 났다. 호텔등급을 매기는 별표를 쓰는데 최고등급인 별표 다섯을 받은 교회는 아직 없다고 한다. 그가 지금까지 리뷰한 교회가 교인 50에서 5,000명이나 되는 대형 교회까지라 한다. 한 가지 재미있는 일은 아침 처음 예배 때 하는 찬송가에 대한 지적이다. 나이가 많은 교인이 오는 처음 예배시간에 사용하던 복음성가를 해리슨 목사의 권고에 따라 전통적인 찬송가로 바꾸니 교인이 350명에서 500명으로 늘었다고 한다.

교회가 역시 사람이 모이는 곳이어서 경영기법을 적용해야 되는가 보다. 우리가 속해 있는 동포교회는 어떨지 모르겠지만 백인교회에서는 이런 서비스를 많이 받고 있을 것이 별로 이상하지 않다고 ≪월스트리트≫ 저널은 10월 10일에 보도하고 있다. 교인수가 많은 우리도 우리 주변을 다시 보살필 필요가 있다. 우리도 배울만한 점이 있겠다.

블루칼라 삼대

얼마 전 본국지에 크게 보도되고 이곳 신문에도 소개된 본국 수능시험장면을 보며 꼭 저래야 되는가 하고 생각했다. 그리고 천문학적인 사교육 통계를 접하며 아연실색할 수밖에 없었다. 그것을 보며 나와 가까운 블루칼라 친구 가족이야기와 함께 삶의 다른 면을 소개하려 한다.

지난주에 오랜만에 이 친구 집에서 하는 크리스마스 오픈하우스에 다녀왔다. 우리가 사는 베이 에어리어에서 자동차로 두어 시간 걸리는 곳이다. 이곳에서 금광이 발견된 1800년 중순에 영미 문학의 대가 마크 트웨인이 왕성한 집필을 했고 지금도 매년 개구리 높이뛰기 시합을 하는 곳이기도 하다. 이제 70에 가까운 친구 부부도 우리를 반겼지만 그의 아들 넷과 딸이 그렇게 반가워 했다.

이들과는 거의 35년 동안 아는 반가운 가족이다. 1970년대 내가 노동조합 감사를 하며 알게 된 가정이다. 고등학교 자격시험(GED)이 교육의 전부인 그가 처음에는 나와의 학력 차이 때문에 좀 서먹했지만 30대 중반인 우리들은 금방 친해졌다. 그 가정을 통하여 미국의 전형적인 중산층 블루칼라와 접하게 되며 나의 미국생활을 익혀 가는 데 큰 도움도 받았다.

동부 끝 메인 주 출신인 그는 고등학교 동창인 베벌리와 19세에 결혼하고 아이가 생기며 고등학교를 중퇴했고 뒤이어 2차대전에서 돌아온 아버지 아래서 목수일을 배웠다. 두 번째 아이가 생기고 생업이 힘들어 아버지가 이민 와 있는 산호세에 정착했다고 한다. 당시에 산호세 지역은 건설경기가 한창일 때였다. 직업이 안정된 노조원이 되려하니 고등학교 졸업장이 없어 견습공으로 일하며 밤에 학교를 다녀 자격증을 얻고 정식노조원이 됐다.

그의 성실함과 지도력이 인정되어 노조 지도자가 되고, 나이 40에 접어들며 산타 클라라 벨리 40,000여 명 회원을 갖고 있는 목수 노조의 총지도자가 되기도 했다. 따라서 은퇴기금공단의 노조 측 이사가 되어 기라성 같은 회사 측(고용주) 이사들과 그리고 기금공단에 관여하는 공인회계사, 변호사들과 임금협상을 하기도 했다. 그럴 때면 대학 나온 사람들 이상으로 풍부한 지식으로 해 나갔다. 그의 끊임없는 노력과 노조와 관계기관에서 하는 교육을 받으며 자신을 꾸준히 발전시켜 나갔다. 그가 대표하는 노조원들의 권익과 안정을 위하여 불철주야로 정진했다. 빠르게 승진한 그는 노조 내의 불화로 54세에 은퇴했는데 은퇴연금이 그가 받던 연봉보다도 더 많았다고 한다.

아들 넷과 딸한테 직업의 귀천이 없음을 가르치고 기술전수를 집안의 전통으로 하고 싶었다. 그가 노조 지도자로 활약할 때, 그의 아버지는 평 회원으로 아들 휘하에서 일을 하기도 하다가 세상을 떠났다. 자식들이 고등하교 마칠 때 그들이 선택을 하게 했다. 대학에 가든지 아니면 평생 일할 수 있는 기술을 배우라고 했다.

할아버지와 아버지를 보아온 이들은 세 명이 목수가 됐다. 목수도 세분화가 되어 하는 분야가 다르다. 시간당 약 30여 불 받는 50세가 넘은 큰아들은 5년 후에 은퇴하고 연금을 받으니 그때 다른 일을 시작하며 인생을 즐기겠다고 한다. 셋째는 10년 뒤에, 막내는 12년 후에 은퇴할 때 그들 나이 50중반에 연금을 받게 된다고 한다. 그들이 지급받고 있는 연봉이 $60,000 이상이다. 딸은 소시지 회사에서 제품 관리 일을 하는데 얼마 전에 직장 근처에 집을 샀다고 나한테 자랑을 한다. 코흘리개 때부터 알던 이 아이가 42세 중년 부인이 되고, 지금은 이혼한 첫 번째 남편과의 사이에서 얻은 두 딸한테서 손자 손녀 다섯 명을 두었다고 한다. 한때는 마약을 하여 내 친구부부의 속깨나 상하게 했다. 이 젊은 할머니가 다음 학기부터 대학을 가겠다고 한다. 이 집에서 셋째가 초급대학을 다닌 게 처음인데 이 딸이 두 번째로 늦깎이 대학생이 된다.

우리처럼 자녀들을 대학에 보내는 열성은 없었지만 내 친구 부부는 그의 아버지가 하였듯이 자기 자식한테 기술을 전수시켰다. 그리고 그들을 블루칼라 중산층으로 키웠다. 가끔 나는 내 한국 친구한테 하는 이야기가 있다. 대학에 가고 싶지 않은 아이들을 억지로 돈을 써가며 보내지 말고 차라리 그들이 하고 싶은 일을 하게 하는 게 부모 된 도리가 아닌가 하고 이야기할 때가 있다. 그리고 그들이 사회에 적응할 수 있는 방향을 제시해 주는 게 중요하다고 누누이 이야기하기도 한다. 나이가 들어 그때 공부해도 늦지 않을 수도 있다고 하며 예도 들어준다. 한국과는 달리 꼭 대학에 가야 사회의 일원이 되는 것이 아니고 본인이 무엇을 하며 인생을 사느냐가 더 중요하다고 이야기하기도 한다.

참 기분 좋고 짧은 방문이었다. 처음 만났을 때 어린아이들이었는데 이제 은퇴를 생각하고 나름대로 가정을 꾸미고 성장한 사회인들로 된 게 보기가 좋다. 우리 이민자들도 블루칼라한테 배우는 바가 많다.

릭 워렌 목사

지난 8월 18일자 ≪타임≫지에 릭 워렌 목사가 표지에 나오는 특집이었다. 근래에 보기 드물게 선풍을 일으키며 전국적으로, 전 세계적으로 알려지게 된 목회자다. 우리에게 잘 알려진 목적이 있는 삶, 목적이 있는 교회, 그리고 지금은 전 세계를 향하여 목적이 있는 나라를 위하여 혼신을 다하고 있는 54세의 젊은 사람이다.

그의 삶을 돌아보며 우리를 조명하게 된다. 참 우리가 배울 것이 많은 목사다. 그는 전통적인 남침례교의 4대째 목사다. 아버지는 교회개척자(church planter)로 여러 교회를 세웠다고 한다. 선조들의 영향을 받아서인지 자신이 목회자가 된다는 것을 의심한 적이 한 번도 없었다고 한다. 그는 정통적인 신학박사학위 받고 개인적으로 경영학의 대부 피터 드럭커(Peter Drucker)로부터 경영학 가르침을 받았다고 한다.

그는 성실함과 탁월한 경영 마인드로 교회 운영과 교회 사업을 해나간다. 그의 타고난 지도자의 능력과 병적으로 뛰어난 언변을 겸비한 사람이라고 인터뷰한 ≪타임≫지 기자는 이야기한다. 또한 여러 가지 관심이 많은 박식하고 급한 성격의 소유자라고도 한다. 월남전쟁 당시 반전 학생운동을 지휘하기도 한 지도자이기도 했다.

1980년에 남가주 레익 포레스트에 새들백이라는 교회를 개척하고 40년 동안 목회하겠다고 하나님과 교인들에게 약속했다고 한다. 그의 독실한 믿음과 철저한 경영관리로 무장된 지역사회 참여로 교인이 23,000명에 달하게 되었다. 40년 교회 시무약속이 28년이 지났으니 이제 12년이 남은 셈이다. 교회를 시작하며 1995년에 ≪목적이 있는 교회≫라는 책을 출판한 다음 전 세계적으로 5십만 명에 달하는 목회자들을 훈련했으며, 2002년에 ≪목적이 있는 삶≫ 4천만 권을 출판하게 된 메가 작가이기도 하다.

출판수입에 90%는 교회에 바친다. 항상 그의 관심은 굶주림에 고통받는 사람, 에이즈로 고생하는 사람, 지구 기후의 온난화와 인권유린 당하는 사람들에게 손을 뻗는 일이다. 그는 빌리 그라함 목사 같은 반열에 서게 되며, 빌리 그라함 목사의 미국중심 사역에서 벗어나 전 세계적으로 선교와 구호에 앞장을 서고 있다.

워렌 목사는 21세기의 교회의 사명은 모든 교회가 의료 시설을 제공하고 문맹을 퇴치하는 데 앞장을 서야 하고 교회가 지역 경제개발에 적극적이며 영적성장에 기치를 들어야 한다고 주장한다. 그는 그의 주장을 PEACE라는 약자로 대표하고 있다. P는 Promote reconciliation라고 하여 화해를 하라 하며, E는 Equip Servant leader라 하여 헌신하는 겸손한 지도자를 키우며, A는 Assist pool라 하여 어려운 사람들을 구제 하며, C는 Care for sick 즉 병든 사람을 보살피며, E는 Educating the next generation 즉 다음 세대를 교육시키고 훈련한다. 이 여러 과정을 거처 세계평화를 정착시킨다고 한다. 이를 위하여 교회가 앞장을 서야 한다고 목소리를 높인다.

그의 이러한 가치관이 부시 대통령, 오바마 당선자, 힐러리 클린턴 상원의원 등과 빌리 그라함 목사기구 등의 열렬한 환영을 받고 있다. 워렌 목사는 오늘의 기독교는 삶에 중점을 두지 않으며 복음에만 우선순위 둔다고 힐책도 한다. 그리고 그는 다섯 가지에 우리의 관심을 요구하고 있다.

첫 번째는 우리에게 처해있는 영적인 공, 둘째는 이기적인 지도자, 셋째는 기아 구제, 넷째는 질병과의 싸움, 다섯째는 문맹퇴치라고 한다. 그는 그의 역할을 그를 통한 사역과 연계를 하는데 자신을 이용하라고 강조한다. 8월 23일 당시 두 대통령후보를 초청하여 같이 기도하였다. 자칫하면 오바마의 가운데 이름 '후세인' 때문에 이슬람으로 오해 받는 것을 불식시키는 역할을 그가 해낸 셈이다. 그는 지금 아프리카 르완다를 성공적으로 사역하며 다른 아프리카와 남미 여러 나라 구제를 시작하고 있다. 이제 한 개인이나 한 단체가 하기에는 너무 큰일들이 되어가고 있다.

우리 교회와 우리 교단만 생각하고 감싸려는 우리에게 여러 가지를 생각하게 해 주는 목회자이다. 인터뷰한 알렉스 페리가 어떤 성경 구절이 생각나느냐고 하니 "모든 영광은 하나님의 말씀을 위한 것"이라는 다윗왕의 이야기로 말을 맺는다.

캐롤라인 케네디

〈스위트 캐롤라인〉은 우리에게 잘 알려진 '닐 다이아몬드'가 1969년에 발표하여 전 세계적으로 호평을 받은 감미로운 곡이다. 이 곡은 참 깨끗하고 아름답다. 작곡 작사자이며 가수인 다이몬드 목소리가 노래와 함께 어울려 서정적이기도 하다. 어떤 때는 이 노래가 여러 스포츠팀의 응원가 겸 팀가로 쓰이기도 했다. '닐 다이아몬드'의 이 노래는 40여년이 지났는데도 나이 먹은 우리에게는 추억과 함께 들려오는 정겨운 음악이기도 하다. 2년 전인 2007년에 '닐 다이아몬드'는 존 케네디 대통령의 딸 캐롤라인이 노래 주인공이라고 발표하여 그의 음악을 좋아하는 사람들을 놀라게 했다. 그 해에 캐롤라인은 나이 50이었다. 1969년에 당시 열한 살 청순한 소녀를 보고 "어디서 시작됐는지 모르나 봄이 오고 여름이 지나 그대가 오고 우리는 손을 잡고 서로를 반기는 오 스위트 캐롤라인……."라고 시작하는 가사로 작곡하기에 이르렀다.

이 아름다운 노래의 가사처럼 청순한 캐롤라인 부비에 케네디가 지난 대통령 유세 때 버락 오바마를 지지하며, 힐러리 클린턴이 국무장관이 되면 공석인 뉴욕 주 연방 상원의원이 되겠다는 의사를 표시하여 세상을 놀라게 했다. 정치에는 관심이 없는 그녀는 뉴욕시 교육을 위한 캠페인을 벌여 6천5백만 불을 모으기도 하는 등 주로 자선단체 일을 해오기도 했다. 상원의원공석이 될 때는 잔여 임기를 채울 인물을 주지사가 임명할 수가 있다. 뉴욕 주 패터슨 주지사는 버락 오바마가 대통령선서를 하고서 힐러리 클린턴 상원의원이 국무장관 인준된 다음 발표하겠다고 임명을 보류하고 있는 상태다. 캐롤라인 케네디는 대통령 선거 막바지에 이를 때 오바마 지지를 선언하고, 오바마를 그의 아버지 존 케네디 같은 미국이 낳은 훌륭한 지도자라고 칭찬을 했다. 그 일이 있은 후 오바마 대통령 당선자는 그녀를 자기와 가장 가까운 친구라고 공식 발표하기도 했다.

캐롤라인은 동부 명문 래드클리프대학에서 학사학위를 받고 콜럼비아 법대를 거처 변호사가 되었다. 하지만 그는 지금 변호사 일은 하지 않고 저술에 몰두하여 여러 권의 책을 출판했으며 잡지에 기고도 하고 있다. 그는 지금 변호사보다 문필가로 더 성공한 사람이다. 가족의 비극을 딛고 일어나 디자인 하는 남편과 결혼하여 세 자녀를 두고 있는 50이 넘는 평범한 생활을 하던 여자이다. 무엇이 그녀를 정치 지망생으로 만들었는지 모르겠다. 또한 정치가 집안에서 태어난 그녀는 다른 케네디 가문의 사람처럼 카리스마도 없다고 최근 ≪타임≫지 기사에 실리기도 했다. 그리고 그녀는 언변도 능숙하지 못하다고 한다. 약 한 시간 넘는 인터뷰에도 사람들이 말이 막히면 하는 "you know"를 백여 번을 하는 등 이상하리만큼 어눌하다고 한다. 전에는 케네디라는 이름이면 정치에 자동 입문했다고 그녀의 사촌인 팰 케네디 하원의원이 한 이야기다. 이제는 다른 사람들처럼 자신이 노력해야 된다고 이야기한다. 펠 의원은 1960년대 말 민주당 대통령 후보였던 로버트 케네디의 아들이다.

캐롤라인 케네디는 그의 생전에 대통령인 아버지가 암살되는 것과 대통령 후보였던 삼촌이 암살되는 비극을 목격했다. 그리고 가족의 비운을 계속 바라보며 성장했다. 그의 동생 존 주니어가 비행기사고로 죽는 아픔도 겪어야 했다. 어떤 사람들은 이 비극이 너무 적을 많이 만든 할아버지 때문이라고도 한다. 할아버지 조셉 케네디는 1930년대 금주령 때 엄청난 치부를 했고 후일 주영대사도 한 인물이다. 매사추세츠 상원의원인 그녀의 막내삼촌 테드는 그녀가 카멜롯의 후계자이기를 바랄지도 모른다고 ≪타임≫지 기자 캐론 트물티는 지적하기도 했다. 영국 사람도 아닌 아이리쉬 이민의 후예가 기리는 카멜롯(이상향)에 도달하기 위한 상원 도전인지도 모르겠다. 그리고 작고한 케네디 대통령의 꿈이었을는지도 모른다. 그래서인지 ≪타임≫지 기사의 제목도 두 번째 카멜롯에 도전하는 캐롤라인이라고 한다. 아마 아버지가 이루지 못한 꿈을 그녀가 이루려는가 보다. 그러기 위해서는 개인의 희생이 엄청날 수도 있다. 힐러리의 잔여기간을 채우고 있을 두 번 선거에 드는 자금이 가히 1억 불은 족히 들 수도 있다. 이 이야기는 훗날 저술가들의 몫일 것이다. 뉴스 미디어에서 그의 정치지망을 보며 나는 스위트 캐롤라인을 다시 흥얼거린다. 그의 주름진 얼굴을 보며 정치에 관여하지 말고 지금까지 살아온 그대로의 스위트 캐롤라인이었으면 하는 바람도 있다.

시티즌스 솔저(시민군)

여러해 전 일이다. 내가 가입한 Free Mason지회 총무의 나이가 90이 넘는 세베린 씨였다. 그는 젊은 회원 못지않게 활달하며, 단체를 이끌어 나가는 지도력이 대단했다. 그는 이 조직에 1930년대에 회장을 지내기도 했고 당시 경제공황 때 어려움을 회원들과 같이 풀어 나가기도 했다고 했다. 그는 당시 알라메다 카운티 검찰청의 수사관이었다. 1941년에 일본이 하와이를 공격하고 미국이 본격적으로 유럽과 태평양전쟁에 임할 때 카운티에 휴직서를 내고 해군에 지원서를 제출했다고 했다. 당시 그의 나이가 46세였다. 당시 두 아들은 육군에 입대하여 유럽전선에 투입된 상태였다고 한다. 위기에 처해있을 때 국가에 이바지 하고자 군대에 가기는 해야겠는데 번번이 고령자라고 거절당해 궁여지책으로 당시 수석검사에게 입대할 수 있도록 도와달라고 부탁하여 해군에 입대 허가서를 받았다고 한다. 수석검사는 후일 닉슨행정부에서 요직을 거친 사람이다. 아마 그의 '빽'이 주효했는가 보다.

해군공병대(Seabees)에서 훈련을 마친 50에 가까운 세베린 견습 수병은 태평양전선에 배치되었다고 한다. 당시 해병과 해군은 남태평양

섬에서 한 치의 양보도 없이 일본군과 치열한 공방전을 벌이고 있을 때였다. 해군공병대는 부교를 포함한 군사도로와 은폐물 등 여러 가지 군사시설을 공사하며 전투원들을 지원했다고 한다. 치열한 전투에서 그의 소대에도 여러 사상자가 나기도 했다고 한다. 전쟁이 끝나고 오키나와에서 Free Mason 집회를 할 때, 회장 경험이 있는 세베린 수병이 회의를 주도하고 5성 장군 맥아더는 회원으로 참석했다고 자랑하기도 했다. 우리에게는 적령기에 군대에 가지 않으려고 별 짓을 다하는 사람이 허다했다. 우리에게는 이 노 수병이 정상적으로 보이지 않았을 것이다. 아마 이는 하루 이틀에 이루어진 일이 아닐 것이며 국민을 위하는 정부의 상대적인 전통에서 이루어진 것일 게다. 세베린 씨의 아버지는 러시아이민이다. 그가 2세이고 메이 플라워 타고 온 앵글로 색슨의 후예도 아니지만 미국교육이 그를 완벽한 애국자로 키웠다.

미국의 역사를 거슬러 올라가면 영국으로부터 독립전쟁을 할 때 마을에 국가 위기를 알리면 밭에서 일을 하던 농부들이 농기구를 놓아두고 집에 비치한 총을 들고 전선에 갔다고 한다. 어떤 때는 형제들이 어떤 때는 아버지와 아들이 같이 참전을 하게 된다. 위기를 넘기고 나면 총을 메고 집에 와서 그동안 미루었던 농사일을 다시 시작하기도 했다. 이들을 시민군이라 하고 영어로 Militia라 한다. 지금 우리가 알고 있는 주 방위군의 효시이기도 하다. 남북전쟁 때는 양쪽 군 당국이 꼭 1년만 복무해달라고 언질을 주고 모병을 했는데 사상자가 많이 생겨 시민군과의 약속을 지키지 못했다. 전쟁 초기에는 군인들이 집에 추수를 해야 된다고 근무지를 이탈하여 군 작전에 많은 애로도 가져왔다고 한다. 이들 저변에 깔려있는 생각을 ≪Willing Obedience≫의 저자 E. Samet의 이야기로 엿볼 수 있다. 미국사람들이 독일군이나 일본군과 다른 점은 군주나 지도자에 대한 맹목적인 충성이 아니고 국가의 충성을 서약하되 자신들의 정신적인 자유는 지켰다는 점이다.

이런 생각으로 모인 군인들의 훈련은 다른 나라에 비하여 부족할지 모르겠지만 전우애를 갖고 전쟁 중 지휘관을 잃으면 부대가 와해되는 다른 나라 군에 비해 위기 속에서도 지휘관이 되어 그 역할을 마다하지 않고 했다. 그것이 그들을 승리로 이끌어 나가는 자유정신의 표출이라고 한다. 특히 2차대전 때 독일군과 일본군에게 미국군이 보여준 예가 그 것이다. 미국사람들은 늘 자신들의 군대경험을 자랑스럽게 이야기하기도 한다. 대통령에 몇 번 출마했던 밥 도울 상원의원의 자서전 ≪One Soldier's Story≫에서도 그의 시민군이었던 경험을 소중하게 이야기한다. 누구의 말대로 군대에 가서 썩는 것이 아니고 나라의 위기에서 자기의 자유함을 지키고 국가에 충성하고 시민 사회에 귀환하여 둥지를 트는 이들의 생각은 참 대단하다. 60여 년 전 1·4후퇴 당시 서울에서 시민군의 형태인 방위군의 철수행렬을 목격한 적이 있다. 어린 내가 보기에도 그 행렬은 오합지졸이었다. 결국 군 지휘관의 무능으로 결국 해체되었다고 한다. 아마 맹목적인 충성을 요구한데서 오는 불상사였는지도 모르겠다. 정신의 자유함을 지켜주는 사회가 있을 때 우리 지역사회는 건강하게 될 것이며 제2, 제3의 세베린 씨가 태어날 것이다. 또한 대통령 자유상을 받은 밥 도울 상원의원 같은 사람들이 우리의 지도자가 될 수 있을 것이다. 우리도 이런 지도자를 키워야 될 것이다.

아이리쉬

우리에게 아일랜드 하면 일제 지배하에 불리던 애국가를 생각하게 한다. 아일랜드 민요 〈올드 랭 사인〉 곡으로 우리 선조들은 국가를 부르며 독립되는 조국을 그렸다. 어떤 이유로 노래를 불렀는지 알 수 없지만 안익태의 작곡이 발표된 이후에도 우리는 한동안 애국가를 그렇게 불렀다. 아일랜드 하면 남의 일 같지 않게 생각되는 것은 영국의 오랜 영향과 지배 등이 일본과 우리의 관계와 비슷한 역사 때문이기도 하겠다. 우리처럼 감정적이고 술 잘 마시고 다투기를 잘 해서인지 19세기 말 조선을 찾은 서양 사람들은 우리를 동양의 아이리쉬(Irish of the Orient)라고 했다. 이런 지칭이 갖는 의미가 어떤지 모르지만 좋게 생각하려고 한다. 미국의 정치나 경제를 이끄는 앵글로 색슨 사회에서 가난한 아일랜드의 존재는 별 볼 일 없었다. 그들의 초기 미국 이민 역사는 흑인 노예와 별로 다르지 않았다. 술 잘 마시고 떠들썩했던 이들을 미리 정착한 영국계는 환영하지 않았고 사회에서 고립시켰다. 그리고 종교의 자유를 찾아 신대륙에 정착한 사람들에게는 가톨릭 신자 수의 증가가 그리 달갑지는 않았다. 교회의 탄압을 기억하는 많은 유럽이민들은 가톨릭 아이리쉬들의 정착을 반대하기까지 했다. 따라서 다른 백인에 비해 그들의 이민 생활은 그리 순조롭지는 못했다.

그들의 신대륙 이민은 1850년대 아이랜드를 휩쓸고 지나간 감자기근 때였다. 그들의 주식인 감자 흉작으로 당시 80만에서 100만 명의 아사자가 발생했다. 그들은 살길을 찾아 미국으로 중남미로 오스트레일리아로 떠났다. 그들은 정착한 곳에서 그들만의 문화를 전수하며 차별 속에서도 끈질기게 삶을 이어 갔다. 이렇게 시작한 그들의 디아스포라 인구가 8천 만이고 아일랜드 공화국과 영국령을 합친 6백여 만보다 13배나 넘는 사람들이 해외에 거주한 것이다. 이제 3월 17일이면 '세인트 패트릭 데이'는 인종의 구분 없이 모두 그린색 옷을 입고 그린색 리본 등을 달며 이날을 기념한다. 그리고 술집에서는 초록색 맥주를 팔며 아이리쉬의 전통을 이어간다. 모두 맥주잔을 높이 들고 〈아이리쉬의 눈이 웃을 때(when Irish eyes are smiling)〉라는 노래를 합창하는 것이 연중행사이다. 여러 번 그들과 같이 어울리기도 했는데 그렇게 정겨울 수가 없다. 우리의 역사와 비슷해서 오는 친근감도 있었을 것이다. 미국인구의 10%에 달하는 그들의 성공담을 꼽으라고 하면 존 케네디를 배출한 케네디 가를 들겠다. 그는 차별받고 자란 존의 아버지의 집념으로 미국의 로열 패밀리를 만들었다. 조셉 케네디의 아버지는 감자기근 때 미국에 정착한 이민이었고 자라면서 받은 차별은 그를 미국의 정치왕조를 만드는 데 박차를 가하기도 했다.

한동안 경제적으로 부흥하기 시작하다가 근래에 불어 닥친 경제의 어려움을 겪고 그들은 다시 아일랜드를 등진다고 한다. 이민이 쉽지 않은 미국보다는 오스트레일리아나 새롭게 경제적으로 부유해진 동구 여러 나라로 간다고 한다. 우리 이민과 비슷한 역사를 그들은 150여 년 만에 되풀이하는 셈이다. 내가 속한 프리메이슨(Freemason) 회의에 참석했다. 저녁식사로 전형적인 콘비프와 캐비지를 나누며 미리 당겨진 세인트 패트릭 데이를 기념했다. 우리 음식에 비하면 처음에는 맛이 밋밋했지만 여러 해 먹으니 이제는 내 음식 같다. 어떤 회원은 아일랜드의 전형적인 그린색 넥타이와 모자까지 쓰고 이날을 즐기며 인종의 구분 없이 모두 아이리쉬가 되었다. 아마 세월이 지나며 그리 되었는가 보다. 식사가 끝나자 조용히 아이리쉬 노래를 불렀다. "아이리쉬 눈이 웃으면 봄철에 첫 아침을 맞아요. 그 웃음에서 천사의 노래를 듣게 되고, 즐거운 마음이 온 세상을 밝게 하지요. 아이리쉬의 웃는 눈이 그대 마음을 빼앗아 가기도 한답니다." 3월을 맞으며 모두 마음속으로 이들을 닮아가며, 어려워도 마음만은 풍요로운 아이리쉬들을 생각하게 한다.

어려웠던 지난 10년

정치 브로커 클린트 라일리의 10년을 평가한 기사가 오클랜드 ≪트리뷴≫지에 났다. 그가 아니더라도 누구나 할 수 있는 이야기를 쉽게 요약을 한 기사는 독자들의 공감을 불러일으키고 지난 10년을 돌이켜 보게 한다. 지난 10년처럼 미국에 큰 변화를 가져온 때도 그리 흔하지 않을 것이다. 1990년 중반부터 불기 시작한 인터넷 열기는 2000년 초에 포화상태가 되며 '닷컴 버스트'를 초래하게 되었다. 따라서 많은 회사들과 투자가들에게 막대한 손실을 가져다주었고 사회와 경제에 미치는 영향이 적지 않았다. 더구나 Y2K라 하여 컴퓨터 두 자리 수만 생각하고 제작한 프로그램이 2000년이 되면 1900년과 착각하지 않을까 하여 대대적인 준비 작업으로 시작한 21세기의 첫 10년이기도 했다.

같은 해에 있었던 대통령 선거에서 조지 부시는 연방 대법원에 의하여 대통령 당선이 확정되기도 했다. 앨 고어는 일반 투표에 승리했는데도 미국이 갖고 있는 엘렉트로 칼리지 시스템 때문에 플로리다에서 패배하게 되며 승리를 공화당에 안겨다 주었다. 따라서 시민의 의견분열이 위험한 수위까지 오르게 되었다. 새로 된 대통령 부시의 첫 번째 과업은 양분화된 여론을 봉합시키는 일이었다. 뜻하지 않은 2001년 테러리스트의 뉴욕 월드트레이드센터 폭파로 미국 국민 모두가 애국심으로 합치게 되었다. 아프가니스탄의 탈레반 정권을 무너뜨린 다음에 따르는 승전의 꿈은 아직 이루지 못하고 8년이 지난 지금에도 아프가니스탄 산악과 사막에서 미국은 전투 중이다.

2003년 3월에 부시 대통령은 이라크의 사담 후세인이 인명대량살상무기를 비축하고 미국과 전 세계 안보에 위험을 줄 수 있다고 하며 공격을 했으나 그 실상을 발견하지 못하고 국내나 국외에 비난을 면치 못하고 있다. 이라크는 파벌간의 싸움과 외국 테러리스트의 공격으로 아직도 미국은 이 나라를 완전 점령하지 못한 상태에서 두 번째 월남사태가 된다고 비난의 화살을 받고 있다. 더 기가 막힌 일은 2005년 8월에 뉴올리언스를 거의 초토화 하다시피 한 카타리나 태풍 수해다. 2,000명 이상의 사상자가 났고 재난 지역을 벗어나는 피난민 대열은 후진국에서나 볼 수 있는 일이었다. 전 세계 여론들이 집중보도를 하며 어떻게 이런 일이 미국에서 벌어질 수 있느냐고 힐난조였다. 2008년 대통령 선거에서는 일대 변혁이 일어났다. 민주당 슈퍼스타인 힐러리 클린턴과 버락 오바마의 대결이 그것이다. 여자로 대권에 도전한 전 대통령의 영부인과 혜성처럼 나타난 일리노이 주 흑인 상원이었다. 마지막까지 승부를 가늠할 수 없었는데 정치인들로부터 새로운 미국의 비전을 바라던 미국국민들이 오바마의 슬로건인 '희망과 변혁'을 받아들이게 되었다. 따라서 미국역사상 최초로 흑인이 대통령에 당선되는 세계 정치사에 새로운 장을 열기에 이르렀다.

이 기간에는 경제적인 어려움을 모두가 겪고 있었다. 아직도 그 늪에서 완전히 헤어나지 못했지만 여러 가지 정부 보조 방침과 소비자의 신임도가 회복되며 이제 어려움을 이겨내고 있다. 그동안의 열기에 다다랐던 주택시장이 와해되기 시작했고 개인 파산신청이 줄을 잇고 있다. 은퇴방편으로 여러 채 집을 샀던 우리 동포들의 어려움도 적지 않았다. 주택시장 이외에도 투자은행들이 파산하거나 정부의 주선으로 재무구조가 튼튼한 다른 회사에 합병되는 등 위기에 이르렀다. 이중에는 미국이 경제적인 거두로 발전하는 데 기여를 한 회사들도 예외가 없었다. 그 이외에도 우리가 한국전쟁 때 '지에무씨'라고 부르던 GM도 새로운 회사구조로 다시 태어나고 있었다.

이렇게 지난 10년이 우리에게 물질적이나 정신적으로 준 어려움은 이루 말할 수도 없고 참 어려웠던 10년이기도 했다. 21세기에 첫 10년이 미련 없이 지나가고 새로 시작하는 10년에는 기대가 크다. 이제 새해를 맞아 우리의 마음을 다짐한다. 이제 지나간 10년을 거울삼아 고칠 것은 고치고 새로운 계획으로 희망에 찬 새로운 10년이 되기를 기대해 본다.

월터 쇼렌스틴

미스터 샌프란시스코, 미스터 민주당이라고 불리던 월터 쇼렌스타인이 지난달 말에 95세를 일기로 세상을 떠났다. 엄청난 부동산 갑부인 그는 샌프란시스코의 스카이라인을 바꾸어 놓을 만큼 일대 변혁을 가져왔다. 샌프란시스코에서는 가장 높은 53층짜리 뱅크 오브 아메리카 건물을 1983년에 완공했다. 지진을 이유로 주위의 반대도 있었지만 그 특유의 부동산을 보는 혜안과 설득력으로 성공을 했다. 의류 소매상을 하던 유태인 아버지 밑에서 그는 어렵게 자랐다. 뉴욕에서 성장한 그는 펜실베이니아 대학 재학 중 제2차세계대전이 발발하며 육군항공대에 지원 입대했다. 당시 공군은 육군의 일부였다가 전쟁 말기에 편재가 바뀌며 새로운 군으로 탄생했다. 1946년에 샌프란시스코에서 소령으로 제대하며 임신한 부인과 수중에 1,000여 불이 그의 전 재산이었다고 한다. 하지만 그는 뉴욕으로 가지 않고 이곳에 정착하기로 하였고 처음 취직한 곳이 바로 부동산중개 회사였다.

부동산의 매력 때문에 평생을 상용건물 사업에 몰두하며 엄청난 부를 축적한 그를 부동산 타이쿤이라고 불렀다. 그의 부동산 소유는 샌프란시스코 이외에 시카고의 존 핸콕 건물과 뉴욕의 멧라이프 빌딩 등이 포함된다. 오클랜드에도 시티센터의 여러 건물과 대지 그리고 지은 지 얼마 되지 않은 12가 건물도 그의 소유물이다. 한때 그는 전국에 130여 개 건물에 280만 스퀴어 피트의 임대량을 갖고 있었다. 샌프란시스코 상용 건물 네 개 중에 하나는 그의 소유이거나 그의 회사가 관리하는 것이었다고 한다. 그의 배포는 대단했고 투기도 엄청났던가 보다. 학업보다는 실지 경험을 터득한 직원을 더 우대했다고 한다. 종전 후 다른 지역처럼 반유태인 감정이 샌프란시스코에도 팽배했다. 유태인에 대한 차별이 그를 부동산 거부가 되는 기폭제 역할을 했고 적수공권으로 시작하여 엄청난 부를 이룩하였다고 한다. 미국 같은 곳에서만 집안의 배경이 없는 이런 사람에게 성공할 수 있는 기회가 주어졌을 것이다. 그리고 우리는 이를 아메리칸 드림이라고 한다.

그는 민주당에 법이 허용하는 한도 내에 많은 정치 헌금을 했다. 1960년에 민주당 대통령 휴버트 험프리 후보를 시작해서 린든 존슨, 지미 카터, 빌 클린턴 대통령 등을 지지했다. 그리고 그의 공이 인정되어 클린턴 대통령의 수석 행정자문위원을 역임했다. 그는 1984년에 민주당 전당 대회를 샌프란시스코 모스코니 센터로 유치했고 이곳에서 몬대일과 페라로가 정 부통령후보로 선출되었다. 당시 아시아계 인사들이 주류사회 정치에 막 참여하기 시작하던 때였다. 중국계 탐 세이를 주축으로 하는 여러 아시아 민주당 그룹이 적극 활동을 했다. KADN (Korean American Democratic Network) 회장이었던 나도 쇼렌스틴을 만나볼 기회도 있었다. 그리고 우리는 유태계가 할 수 있는 일이라면 아시아계도 할 수 있다고 기염을 토하며 그가 지지하는 민주당에 우리 아시아계도 적극 동참했던 기억도 난다.

그는 대학에 대한 기부도 게을리하지 않았다. 버클리대학과 스탠포드에 엄청난 금액을 기부했다. 그는 자기를 성공적인 비즈니스맨으로 키운 것은 군대의 훈련 덕분이었다고 자랑스럽게 이야기했다. 그의 여러 가지 업적 중에 자이언트 야구팀이 플로리다로 이적하려 했을 때 자기 돈 7백만 불과 친지들의 투자로 구단 이전을 막은 것이다. 1993년에는 전 소련 대통령과 함께 고르바초프 재단을 이곳에 설립하기도 했다. 무엇보다 그의 하이라이트는 월남 패망 때 전쟁고아 1,000명을 이곳에 정착시켜 미국의 꿈을 심어준 것이다. 그리고 하면 된다는 본보기를 몸소 실천하고 보여준 인사일 것이다. 인간적인 오류도 있었겠지만 후세를 위하여 재산과 전통을 여러 자선 단체에 크게 남겼다. 이런 사람들이 있어 우리를 오늘에만 안주하지 않고 내일을 바라보게 하는 구심점 역할을 하지 않았나 싶다. 참 스케일 크게 살며 여러 가지로 사회에 이바지한 이분의 명복을 빈다.

은퇴 계획 I

1960년과 1970년대에 미국에 이민 문화가 열리면서 매년 수만 명의 동포가 미국에 정착하기 시작했다. 그들의 대부분은 60대에서 70대를 접어드는 나이가 되었고 이제는 은퇴할 곳을 찾고 있다. 우리들은 거의가 언어와 생활습관이 같은 동포가 사는 서부나 동부를 은퇴지역으로 선호하고 있다. 어떤 이들은 동포 몇 백 세대가 사는 '리타이먼트 커뮤니티'에 살며 일주일에 몇 차례씩 골프도 치며 즐긴다고 한다. 특히 남가주에 큰 규모의 실버타운이 있는가 하면 북가주에도 몇 군데 있고 나도 여러 번 그곳 정착을 권유받기도 했다. 그런가 하면 어떤 사람들은 우리 동포가 거의 없는 곳으로 떠나는 사람도 있기는 하다. 오래전 펜실베이니아에서 살던 동포 의사부부가 은퇴하고 조지아에 집을 사서 떠났다는 이야기를 들었다. 어떤 이유인지는 모르지만 뜻이 있어 인종 차별이 심했던 남부에 정착했는가 보다. 어쩌면 마가렛 미첼이 ≪바람과 함께 사라지다≫에서 묘사한 남부 문화가 좋아서 갔는지 모른다.

에밀리 브랜든 기자가 미국에서 생활비가 저렴한 도시를 소개한 글을 읽고 참 이렇게 살 수도 있구나 하는 생각도 했다. 꼭 우리 동포가 많이 사는 곳만 찾는 사람들에게는 생소한 이야기가 되겠지만 이제 30여 년 이상 미국에 살다보면 한번쯤은 생각해 본 일이기도 할 것이다. 이런 곳을 찾는 사람들은 현재 살고 있는 값이 나가는 집을 팔고 이런 곳에서 판 값에 절반도 되지 않는 집을 현금으로 구입한다. 차액은 은퇴 자금에 보태기도 하며 여유롭게 산다고 공동 취재한 ≪US News≫지가 밝힌다. 다음에 열거한 곳이 그들이 취재한 10개의 도시이다.

– 테네시주 차타누가(Chattanooga) : 주 조례에 따라 나이가 62세 이상인 사람들에게는 주식 배당금과 이자수입에 대한 세법혜택이 있다. 그리고 집값은 다른 큰 도시에 비해 25%밖에 되지 않는다.

– 플로리다주 코코아(Cocoa) : 판매세가 6%이니 우리가 사는 베이 지역보다 거의 4%가 싼 편이다. 내륙으로 들어가면 집을 더 싸게 살 수도 있다고 한다.

– 네브라스카주 오마하(Omaha) : 억만 장자 워렌 버핏이 사는 지역이고 역시 집값은 평균 $100,000이 조금 넘는다고 하니 베이 에어리어 지역의 30여 년 전 값이다. 버핏 회사의 주주총회가 열리는 곳이고 주식 투자가들이 잔치하는 곳으로 유명하다.

– 펜실베이니아주 피츠버그(Pittsburgh) : 도시 근처에 학교가 여러 개 있어 대학 주최 문화 행사가 끊이지 않는다. 유명한 카네기-멜론 대학 음악회 등에서는 시니어에게 할인이나 무료로 관람할 수 있게

한다. 대중교통도 시니어에게는 무료라고 한다.

– 뉴욕주 빙햄턴(Binghamton) : 역시 집값은 $150,000 수준이고 삶의 질이 높은 곳이라고 한다. 문화 행사도 풍부하고 집값도 저렴하여 큰 도시에 살다가 이곳으로 이주하는 사람들이 많다고 한다. 시니어들이 대학에 입학하면 등록금을 전액 면제받는다.

– 인디애나주 사우트벤드(South Bend) : 대학 3곳이 근접한 거리에 위치하여 대학 주최 연극과 음악행사에 참여할 수 있다. 노틀담 대학을 포함한 근처 학교에서 하는 미식 축구경기는 볼만하다고 한다. 모두 걸어 다닐 수 있는 거리여서 다양한 프로그램을 관람할 수 있는 기회가 많다.

이외에도 지금 경기가 향상되고 있는 텍사스주의 산 안토니오(San Antonio) 평균 집값이 $140,000 정도이고 주 세금이 없다고 한다. 한정된 월수입으로 생활하는 사람들에게는 바람직한 곳이기도 하다. 알라바마주의 몽고메리시에서는 시니어가 택시 타고 병원이나 약국에 가면 거리에 상관없이 $3만 내고 차액은 시에서 부담한다고 한다. 그리고 여러 가지 모양의 시니어를 위한 혜택이 있다고 한다. 그 이외에도 뉴멕시코 주의 로스웰(Roswell)이나 위시컨신주의 유클레(Eau Clair)시 등이 값이 저렴한 은퇴지로서 적합하다고 한다.

우리도 비싼 커뮤니티보다는 한번쯤은 이런 곳에 살며 그동안 바쁘다고 하지 못한 미국생활도 은퇴 후에 본격적으로 해 볼만하다. 이런 생활을 통하여 주류사회에 적극 동참하는 기회가 될 수도 있을 것이다.

은퇴 계획 Ⅱ

전에는 그리 장래를 생각하지 않던 사람들이 이제 나이가 들면서부터는 '은퇴계획을 좀 더 잘 할 것을.' 하며 후회를 하기도 한다. 더구나 준비하지 않고 일을 놓으면 저소득층이나 홈리스가 되는 경우를 자주 보기 때문이다. 동포들 중에 어떻게 되겠지 하고 은퇴계획을 제대로 하지 않다가 낭패를 보는 사람들도 적지 않다. 그동안 캐시 비즈니스 하며 세금보고를 제대로 하지 않아 받는 소셜 연금이 기백 불밖에 되지 않아 후회가 되기 때문이다. 50여 년 전 군대 생활을 같이한 친구를 이곳에서 만났다. 큰 비지니스를 하는 이 친구한테 매상을 제대로 보고하고 인컴택스 계획을 잘하여 절세도 하라고 누누이 설명했었다. 툴툴대는 이 친구를 여러 해 동안 야단도 쳐보고 달래고 하다 보니 은퇴할 나이가 되었다. 소셜 연금을 신청하고 첫 달부터 2,300불 받으니 하나님의 선물 같다고 하며 고맙다는 이야기를 여러 번 했었다. 같은 규모의 사업을 하던 그의 친구는 500불밖에 받지 못한다며 후회가 보통이 아니라고 하며 지금까지 모은 재산은 자식한테 편법으로 증여하고 자신은 정부 노인 아파트에 들어가겠다고 한다.

소셜 시큐리티 연금은 1930년대 경제공황 때 제정된 연방법이다. 처음에는 연금이라기보다는 구제 목적이었는데 이제는 은퇴용으로 요긴하게 쓰인다. 물론 이것 이외에도 여러 가지 건강 보험 등 혜택도 있고 고용된 회사에서 설립한 은퇴 플랜도 있다. 세금 혜택을 받기 때문에 연방과 주 국세청의 제약과 통제를 받는다. 회사의 은퇴 플랜은 고용업체가 자발적으로 설립한 경우도 있지만 노동조합의 단체계약(Collective Bargaining)의 힘으로 설립되어 지금처럼 제도적인 공단으로 발전할 수 있게 되었다. 처음에는 제도의 미비로 인하여 회사 측에 의하여 연금이 불법으로 이용되다가 파산이라도 되면 고용인들을 위한 저축된 은퇴 금액은 휴지조각이 되는 일도 여러 번 있었다. 극적인 경우는 1960년대 말에 있었던 '패카드' 자동차 회사의 파산으로 덩달아 고용인들의 연금 기구도 없어졌다. 이런 경우를 방지하기 위하여 1974년 연방법 ERISA가 제도화되고 연방 국세청과 노동부의 제재를 받으며 성장하고 산업별 연금 공단의 저축 액수는 천문학적으로 늘었다. 정부 당국의 제재를 받는다고 했지만 연금공단을 효율적으로 운영 못하면 연방기구(PBGC)에 자산 전체를 압수당하게 된다. 차압된 연금공단은 연방기구(PBGC)에서 운영되고 연금 수혜자들은 연방법이 정하는 500여 불의 최소 액수를 받게 된다.

연금 공단이 조직될 때에 Defined Benefits이라 하여 근무 연한에 일정액수를 곱한 금액을 수혜자들은 받게 된다. 즉 계산수치에 근무한 연수를 곱한 것이 매달 받는 액수다. 산정된 수치가 일 년에 50불이며, 30년 일했다고 하면 매달 받는 액수가 1,500불이 된다. 이 방법은 고용주의 부담이 커서 이제는 Defined Contributions라는 새 산정 방법이 도입되었다. 이외에도 401(k)라는 프로그램 등 여러 가지가 있다. 새로운 방법은 회사 측 부담금이 적어 선호하는 은퇴 플랜이다. 전에는 회사 측에서 은퇴를 책임졌는데 이제는 일정 액수만 책임지고 투자 등은 수혜자의 몫이 되었다. 따라서 보장된 액수는 없어져 은퇴를 늦추는 경우가 많다. 일정한 금액을 받는다고 해도 안심할 일은 못된다.

무엇보다 중요한 것은 우리 각자가 은퇴계획을 철저히 하고 책임져야 한다는 사실이다. 회사에서 은퇴계획이 있다 해도 경우에 따라 IRA도 따로 들 수 있는가 하면 우리의 세금 내고 난 금액으로 불입하고 은퇴할 때 비과세되는 Roth IRA 은퇴금으로 보완할 수도 있다. 다른 나라와 달리 여러 가지 사회 시스템이 일률적이 아니라 우리가 할 수 있는 한도 내에서 여러 가지를 계획해야 한다. 우리 모두의 은퇴계획은 주먹구구식으로 되는 것이 아니고 CPA나 재정 설계사와 함께 상의해야 된다. 우리의 배짱이나 편법으로 될 일이 아니다. 이제 수명이 매년 늘어나 적어도 80중반이나 90을 살 수 있다는 재정 설계사 이야기가 솔깃하게 들리고 앞으로 20여 년 계획을 다시 해야겠다는 생각을 하게 되었다.

06 프로스노 인디언

프로스노 인디언

힐러리 클린턴 국무장관이 주선하여 거의 불가능할 것 같은 아르메니아와 터키가 외교관계 수립하기로 지난주에 결정했다. 아직도 두 나라 의회에 인준을 받는 절차가 남기는 했으나 더 큰 변수는 특히 미국에 거주하는 아르메니아 사람들의 영향력이다.

두 나라가 견원지간이 될 만한 이유가 있다. 제1차세계대전 후에 터키는 그들의 식민지하에 있던 아르메니아 사람들을 대량 학살했다. 일설에 의하면 거의 백만 명이라고 하며 유대인들이 그러하듯이 세계각처로 디아스포라(Diaspora)를 이루게 된다. 그들의 미국 디아스포라를 보며 남의 이야기가 아니고 우리 주위의 이야기라는 것을 알 수 있다.

우리보다 먼저 온 이 사람들의 미국정착 역사를 보며 우리의 오늘을 되새기는 기회도 되겠다. 터키의 학살을 피해 미국동부를 거쳐 서쪽으로 이주하며 프로스노에 정착한다. 미국에 이민 오는 사람들은 그들의 고향 같은 곳을 찾게 된다고 한다. 프로스노가 기후나 토양이 아르메니아와 비슷했다고 한다.

1881년에 300여 명으로 시작한 이민은 터키의 학살을 정점으로 팽

창 하여 10,000여 명으로 급작스러운 증가를 보이고 지금은 30,000여 명이 거주한다. 같은 지역에서 농업에 종사하던 우리 이민 선배들과 나라 없는 설움도 나누었을 것이다. 그들이 캘리포니아 농업에 큰 기여를 했다고 한다. 1930년대 가주 건포도 40%는 그들이 생산했고 무화과도 그들이 미국에 소개한 과일이다. 경제 공황 때 일부는 LA에 이주하게 되어 그들의 커뮤니티를 이루고 인종집단으로 영향력도 나타내고 있다. 19세기 20세기를 접어드는 당시에 중가 주 인구가 별로 없을 때 그들의 숫자는 돋보였다. 우리 모두가 외지에서 와서 정착한 사람들이었기에 수가 많은 그들을 원주민이라고 부르게 된 이유도 납득할 만하다.

내가 이들을 처음 알게 된 1970년도에 어느 모임에서 이들을 '프로스노 인디언들'이라고 하는 이야기를 들었다. 이들을 비하하는 이야기로 한동안 쓰이기도 했는데 이제 세월이 지나며 그저 농담으로 받아들인다.

이들이 주류 사회에서 받은 인종차별도 우리나 흑인들과 별로 다르지 않았다. 마늘을 먹는 미개한 사람들로 시작해서 유색인종한테만 사용하던 집을 사고팔 때 금지조항(Restrictive Covenant)을 이들한테도 적용하곤 했다. 이들은 보기에는 멀쩡한 백인이었는데 앵글로 문화권이 아니라 하여 백인으로 받아 주지 않았다.

이들이 미국주류 사회에 완전 동화될 때까지 겪었던 차별대우는 만만치 않았다. 2000여 년 전에 기독교를 받아들인 이들을 백인 교회에서 쫓아내는 어처구니없는 일들도 있었다. 백인인 이들은 문화와 언어의 어려움을 극복하고는 쉽게 주류 사회에 동화되고 있다. 이들은 이름 끝이 항상 'ian'이나 그런 발음으로 알아보기가 쉽다. 주지사였던 듀크메지안도 엄청난 갑부인 커코리안도 아르메니아 이민자이다. 캘리포니아 주지사 듀크메지안은 뉴욕 출신이어서 프로스노 인디언은 아니지만 아르메니아 후예이고 라스베이거스 호텔과 한동안 파산하기 전 GM도 넘보던 억만장자인 커코리안도 아르메니아 사람이며 자기는 절대로 터키에 투자하지 않겠다고 한다.

우리에게도 낯설지 않은 윌리암 사로얀 작가도 이곳 출신이다. 아르메니아 사람들의 애환이 담긴 그의 글은 많은 독자를 갖게 되고 ≪인간 희극≫이 번역판으로 국내에 소개되기도 했다. 프로스노시는 이 작가를 기리는 여러 가지 행사를 매년 개최하며 그들의 공헌한 업적을 기념하고 있다.

우리보다 먼저 온 이민 집단을 살펴보며 그들이 미국 주류사회 동화 과정에서 겪은 일들을 되새긴다. 백인이어서 미국동화가 쉬울 수도 있었겠지만 이제 미국에서 피부색깔이 성공하는 선결 조건만은 아니다. 우리의 정체성을 유지하며 인종의 편견을 넘고 이 사회에 동화되는 과정이 아메리칸 드림을 이루는 지름길일 것이다. 이 사회에 동화된다 하여도 우리는 디아스포라를 유지하며 고국의 안녕을 바란다. 미국사회에 적극참여를 차세대에만 기대지 말고 이민1세도 개척하며 동화되어 가는 그런 사회를 지향해야겠다. 그리고 여기에 우리의 미래가 있다.

남북전쟁

150년 전 4월 12일 4년간에 걸친 전쟁이 시작됐다. 이 전쟁에서 6백 2십만의 전사자가 발생한 미국 역사상 가장 비극적인 전쟁이었다. 이 날 아침 4시 30분에 남 캐롤라이나주 찰스톤에서 연방도서인 포트 섬터를 포격하며 형제가 형제를, 이웃이 이웃을 죽인 피비린내 나는 전쟁이 시작됐다. 우리가 알기로 치열했던 제2차세계대전이나 한국전에는 비할 수 없이 많은 전사자가 발생했다. 남과 북이 갈리며 군인들은 선택권이 주어져서 연방군 로버트 리 장군 같은 이들은 버지니아로 돌아가 남부군 초대사령관이 되었다. 당시 공화당 에이브러햄 링컨 대통령은 전쟁 나기 한 달 전인 3월 4일에 취임했고 남쪽주가 연방에서 탈퇴할 때 나라의 분열이 아니고 잠정적인 반란이라고 간주했다. 그리고 남쪽이 먼저 도전하지 않으면 군사행동은 하지 말라고 군부에 당부도 했다. 그리고 당시 현존하던 노예법을 존중하기로 했다. 즉 남쪽 노예가 북으로 도망치면 체포하여 남쪽으로 이송하는 법이었다. 그리고 끝까지 남쪽에 기회를 주며 연방에 복귀하라고 권고를 했다.

잠시 전쟁이 소강상태에 접어들다가 1861년 7월 4일에 링컨은 군사

동원령을 내렸다. 지원병 7만5천과 함께 본격적인 전쟁에 돌입했다. 많은 남부 동조자들은 남북이 갈리게 된 동기는 노예해방문제가 아니었고 연방법에 반기를 든 것이라고 그들의 입장을 합리화하기도 했다. 워낙 13주가 미합중국 연방을 구성할 때 연방에 이양하지 않은 기본 권리는 주에 귀속된다는 논리에 의한 것이고 연방 간섭에 반기를 든 것이라고 했다. 지금도 그런 논리가 전개되는 모습을 보며 아직도 남북전쟁이 끝나지 않았다고 개탄하는 사람들이 적지 않다. 현 텍사스 주지사 페리는 당시의 남쪽 주의 연방 탈퇴를 옹호하는 발언을 해서 주위를 놀라게 했다. 전쟁 초기에 남부군은 승리를 거듭했다. 독일을 위시한 유럽나라들은 남부 11개 주로 구성된 CSA(Confederate States of America)를 독립된 국가로 인정하려는 기미가 있어서 연방 지도자들을 긴장하게 했다. 따라서 링컨의 USA(United States of America)와 치열한 외교전도 마다하지 않았다. 전쟁 초기에 군사 물자가 부족한 남부군은 유럽 여러 나라에서 당시 고급품인 목화를 수출하고 무기로 결재하기도 했다.

4년간 전투에서 처음 몇 해는 북군이 고전을 면치 못했다. 종전하기 1년 전까지 북쪽은 다음해에 있는 대통령 선거에 링컨 재선을 예측할 수 없으리만큼 사태가 급박했다. 1861년 9월에 셔먼 북군 장군이 남부의 문화와 경제 중심지 애틀랜타를 점령하며 전쟁의 양상이 달라지며 승리를 눈앞에 두게 되었다. 북군의 승리는 전 세계적으로 여러 가지 교훈을 주었다고 한다. 당시의 왕정정치나 독재국가 이외에 민주적인 나라가 성공할 수 없다는 통념을 바꾸고 민주국가 건립의 본보기를 보였다고 한다.

4년간 전쟁에 패배한 남군은 패전의 상처를 안고 자신들의 지역사회를 인종분리 벽으로 막고 흑인 인권을 오랫동안 거부했다. 전통적인 남쪽사람들을 전쟁에 패배한 로버트 리 장군을 십자가에 못 박힌 예수로 형상화하고 패배의 아픔을 나누고 있다. 전쟁은 지금도 그들과 함께 있고 선조들이 북쪽 Carpet Bagger들한테 당했던 수모를 지금도 상기 한다. 우리도 마가렛 미첼 원작 〈바람과 함께 사라지다〉 영화에서 보는 그런 장면일 것이다. 그리고 전쟁의 폐허 속에서 내일을 다짐하는 비비안 리의 당찬 모습이 오늘날 남쪽 재기를 연상케 한다.

남쪽 역사에 관심을 갖고 그들의 역사에 동참 하려는 외국 출신인 나를 백인들은 신기하게 본다. 이민인 우리가 그들의 삶에 동참하며 그들의 애환도 우리 것으로 만든다. 역사는 교과서의 사건만이 아니고 수용하고 편견없이 받아들일 때 오늘의 우리를 볼 수 있을 것이다. 역사를 후손들에게 올바로 전수할 책임이 그 현장에서 있던 이들의 몫일 것이다. 그리고 가정과 학교와 교회가 올바르게 전하지 못한 역사적인 책임을 면치 못한다. 정치적인 이유로 한국전을 애써 왜곡하려는 단체들에게 실망을 금치 못하고 미국역사의 큰 획을 긋는 남북전쟁을 새로운 관점에서 봐야겠다.

종업원 비리

지난 8월 비리조사협의회(Association of Certified Fraud Examiners) 발표에 의하면 매년 7%의 수입이 종업원횡령에 의하여 손실된다고 한다. 어떤 비지니스에서는 일 년 수입과 맞먹는 액수이기도 하다.

참 큰 숫자다. 그리고 100명 이상 종업원을 갖고 있는 회사에서는 이들의 횡령하는 액수가 일 년 평균 2십만 불 이상이라고도 한다. 이들이 저지르는 수법은 여러 가지인데 회사에서 발행하는 수표가 발송되기 전 액수를 변조하여 그 차이를 착복한다. 수표를 관리할 수 있는 종업원은 자기 앞으로 수표를 발행하거나 아니면 자기가 만든 가공회사에 지불하고 그곳에서 돈을 빼돌린다. 경제 사정이 좋지 않을 때면 이런 일의 빈도가 높아진다. 회사 측에서 즉시 발견하고 조치를 취하지 않으면 비리액수가 점차 커지기도 한다.

전문가의 말에 의하면 중소기업이 실패하는 이유는 꼭 경제 사정이 나빠서가 아니고 상거래가 제대로 기록되지 않고 주먹구구식으로 운영되는 경우에 발생한다고 한다.

이를 눈치챈 종업원에 의하여 비리가 벌어지고 혐의가 있다 하여도 기록이 완전치 않으니 짐작은 가지만 누구를 지적할 수도 없는 상태다.

기록이 잘 되어 있다 하여도 감시가 소홀하면 큰 재정적인 손실을 가져오게 된다. 지난 2월 19일자 《월스트리트 저널》지에 난 기사를 보며 종업원 비리의 심각성을 다시 생각하게 한다.

앨라배마에 있는 작은 도시에서 서점을 부부가 경영하는데 남편은 직장이 있어 캐린이라는 부인이 책임지고 운영하고 있었다. 장부 정리와 수표 처리 등 회계일은 오랫동안 신용해온 북키퍼한테 맡기고 그녀는 주로 책 구입하고 재고에 신경 쓰며 고객 서비스에 치중했다고 한다. 북키퍼가 작성한 손익계산서를 위시한 재무제표를 대강 훑어보는 정도였다고 한다.

하지만 이상하게도 매상은 줄지 않았는데 자금이 딸리기 시작하여 책 출판사에서 빚 독촉을 받기 시작하고 급기야는 현금으로 지불하지 못하면 책을 공급받지 못했다.

더구나 책 판매량이 많은 연휴에는 책이 없어서 팔지 못했다. 캐린은 우연한 기회에 지불되지 않은 전표를 보다가 북키퍼의 비리를 발견하기에 이르렀다. CPA한테 의뢰하여 조사해 보니 2년 반 동안 십오만 불을 횡령한 것이 발견됐다. 그렇게 믿었던 북키퍼의 대한 실망은 대단하였다. 종업원 횡령보험도 들지 않아 고스란히 당한 경우다.

나도 30여 년 간 CPA로 일하며 경험한 것을 쓰려고 하면 흔히 이야기 하는 것처럼 몇 권의 책을 쓸 수도 있을 것이다. 더 기가 막힌 것은 같이 일하는 가족의 비리다.

부인이 하는 업체에서 남편이 현금을 유용하고 부모가 없을 때 일하는 자녀들의 비리도 허다하다. 아마 돈 앞에서는 도덕심도 없어지는

가 보다. 어떤 단체가 의뢰하여 일 년 감사를 하니 북키퍼가 6만 불을 횡령한 것 이외에도 여러 유형이 있다.

돈을 유용하는 데 공통점이 있다. 처음부터 범법 행위를 하려는 게 아니고 필요하여 잠시 쓰고 갚겠다고 한 것이 눈덩이처럼 불어난다. 우리 옛말에 열 사람이 도둑 하나를 지키지 못한다고 한다. 종업원 비리가 현금에만 그치는 게 아니고 판매하는 재고품도 가져간다. 리커스토어에서 값비싼 술뿐만 아니고 식당에서 고기와 생선 등이 없어진다. 그 액수 또한 적지 않다. 우리가 조금만 조심을 하면 비리를 극소화할 수 있다.

중소기업주로서 여러 가지 예방책을 강구할 수도 있다. 종업원이 비리를 저지를 수 있는 기회를 주면 안 된다. 매장에 설치된 카메라가 손님을 감시하는 목적도 있지만 종업원 감시 기능이 더 크다고 한다. 그리고 주인에게 충실한 체하며 유급 휴가를 가지 않으려는 사람도 조심해야 된다. 자기가 없는 사이에 누적된 비리가 발각될까 봐서 자리를 뜨지 않는다.

그리고 매달 오는 은행 스테이트먼트는 사업체 주소가 아니고 업체 오너 집에서 받아보게 한다. 수표에 기재된 이름과 은행기록을 대조도 한다. 그리고 입금내역을 일일이 장부와 대조한다. 물론 이런 일들이 완전한 해결책일 수는 없지만 비리를 저지를 기회를 많이 줄게 한다. 그리고 종업원들에게 사업주의 극도의 사치는 다시 생각할 일이다.

자기 처지를 비교하며 복수심 같은 마음으로 비리를 저지르는 경우도 있다. 미국태생 종업원이 영어가 유창하지 못한 이민 온 사업주에 대한 반감은 의외로 커질 수도 있다.

믿는다고 모든 것을 맡기는 것은 다시 생각할 일이다. 비리를 저지를 기회를 주지 말고 사업주가 관심을 가지고 있다는 것도 보여 주어야 한다.

나의 CPA 견습 시절이 생각난다. 선임 감사원의 이야기가 오랜 세월이 지났는데도 뇌리에서 떠나지 않는다. "When you inspect, you get respect" 즉 업무에 관심을 가지고 대하면 종업원들로 부터 존중을 받는다는 이야기다. 근래처럼 경제사정이 좋지 않을 때 그동안 애써 일구어 놓은 비지니스를 지켜야 한다.

주택 융자 대란

근래 신문에 매일 대문짝만하게 나는 기사가 주택 융자와 부동산 차압에 관한 것이다. 융자 은행이 주택 차압하다가 절차상 하자가 있다 하여 당분간 중지하겠다는 발표가 나자 부동산업계가 긴장을 했던 지난주였다.

차압중지가 곧 철회되고 차압된 매물이 다시 시장에 나오며 부동산업계가 활기를 찾는다. 여러 주택 금융회사 중에 Countrywide Financial은 단연 선두주자였다가 지난해에 연방정부에 의하여 Bank of America에 합병되었다. 합병되기 전 이 회사의 융자는 가히 천문학적인 숫자였다.

2006년 부동산 전성기 때에는 GNP의 3.5%가 되는 엄청난 액수를 거래했다. 2008년에 파산한 인디맥 은행도 실은 같은 창업주에 의하여 설립되고 후에 폐쇄된 업체였다.

며칠 전 주택 금융계의 총아였던 Countywide 전회장 '안젤로 모질로'는 증권거래소(SEC)에 의하여 피소되었다가 6천7백만 달러의 벌금형으로 고소가 취하되었다.

2천7백만 달러는 본인이 내기로 하고 4천만 달러는 B of A에서 책임지기로 했다. 부동산 금융 업체의 파국은 엄청났다. 미국뿐만 아니고 그 여파가 전 세계적으로 파급되어 개인은 물론 여러 나라가 부동산이 뒷받침하는 증권에 투자하였다가 막대한 손실을 보게 되었다. 당시에 부동산 융자는 손쉬웠고 부동산 값이 천정부지로 뛰기 시작할 때였다.

아메리칸 드림에 동참하려는 사람들이 분수에 넘는 투기를 시작했다. 오랫만에 오는 호황을 놓칠세라 집을 담보로 융자받아 여러 채의 집을 구입하였다. 애당초 계획은 부동산이 어느 정도 오르면 팔아서 빚을 갚고 차액을 챙기려는 지극히 안일한 계획이었는데 투자한 집과 살던 집도 모두 날려버린 사람이 한둘이 아니다.

부동산 거래를 부채질한 것은 손쉬운 부동산 융자 때문이었다고 한다. 세무보고와 함께 신청자가 작성한 재무제표만 믿고 융자를 해 주곤 했다.

물론 부동산 시가가 융자 액수를 뒷받침해야 되는데 부동산 값이 하늘 모르고 뛰던 때여서 융자는 어렵지 않았을 것이다.

여러 가지 어려운 일이 주위에서 많이 일어났다. 우리 집 청소해주던 엘살바도르 출신 모녀가 그동안 저축한 돈으로 수영장이 딸린 집을 샀다고 자랑하더니 부동산 거품이 가라앉은 얼마 후부터 일을 하러 오지 않는다. 뒤에 알고 보니 변동 이자로 산 집이 고정률로 바뀌며 납입금을 감당할 수 없고 팔려고 하니 시세가 융자액수보다 적어서 집을 포기했다고 한다.

이런 일이 주위에서 너무 많았다. 미국사람들은 그렇다고 하지만 외국에서 미국의 꿈을 안고 온 이민자들의 망연자실한 모습은 남의 일

같지 않다. 그중에 우리 동포수도 적지 않았다.

이들을 구하려는 정부의 노력도 적지 않다. 집을 포기한다 하더라도 빚은 그대로 남아 있어서 탕감된 액수는 과세대상이라는 양식을 은행은 발한다. 정부에서 주택대란 피해자를 돕기 위하여 제정한 미과세 조항이 후에 생겼다. 정부가 적절한 때에 개입만 했어도 이런 어려움을 미연에 방지를 할 수 있었다고 하는 이야기도 있다.

대경제공황을 겪으며 미국은 새로운 법을 제정하고 미비하였던 분야를 보완한 역사가 있다. 이제 정부 주도하에 새로운 메커니즘이 도입된다. 지난 30개월 동안 제정된 법이 지난 30년 동안 발효한 것보다 더 많으리만큼 정부의 노력이 보인다. 아마 역사적으로 우리가 겪는 주택대란은 미국이 겪은 1930년대 경제공황에 버금가는 어려움일 것이다.

이럴 때마다 우리가 어렵게 모은 재산을 보호하는 데 더 각심한 노력과 정성이 있어야 된다고 다짐도 한다. 투자의 가장 기초상식인 투자를 한곳에 하지 말라는 지혜를 다시 생각나게 한다.

중산층과 경기회복

약 25여 년 동안 성공적으로 자동차를 생산하던 프리몬트 NUMMI 공장이 문을 닫는다는 신문기사가 나서 우리를 놀라게 한다. GM이 여러 해 문을 닫았던 자동차 생산 공장을 다시 열고 도요타와 합작을 한 곳이다. 일본에서 새로운 경영기술을 도입하여 미국과 일본회사가 합작하여 운영하는 성공적인 케이스로 각광받고 있다.

도요타는 미국 내 여러 곳에서 생산 공장을 비노조원으로 운영하고 있는데 프리몬트 NUMMI는 GM과 합작하기 때문에 비싼 노조원을 채용한다고 알려지고 있다.

아마 이곳이 도요타의 유일한 '유니온 샵'이고 '가이젠'이라는 경영이론을 도입하여 끊임없이 공정과정을 향상시켜 운영하고 있는 곳이다. 파산선고를 하고 이제 새로운 체재로 다시 태어나는 New GM 회사는 합작이 필요 없게 된 것 같고 그 후에 발표된 도요타의 성명도 혼자서는 운영하지 않겠다고 한다. 아마 비싼 노조원들의 급료와 복지 사업비를 지불하면 타산이 맞지 않은 때문일 것이다.

공장폐쇄 때문에 5,000여 명의 실직자가 우리 주위에서 생긴다. 성공적인 운영이었기에 우리를 더 놀라게 한다. 북가주는 1980년대와 1990년대에 있었던 군사시설 철수로 겪은 대감원 다음에 오는 고용시장에 큰 변동을 맞게 되겠다.

자동차 생산 중심지인 미시간 주에서 있는 생산직 노동자 해고에 별로 관심을 기울이지 않던 우리에게 이제 자동차 산업의 파산 후유증을 피부로 느끼게 한다.

우리와 경우는 다르겠지만 자동차 산업이 시작되며 6백만이 넘는 가난한 남부의 흑인들이 약속의 땅인 북쪽으로 이주하기 시작했다. 인종차별이 심했던 당시 주류사회에 흑인들이 참여하게 되고 중산층으로 발돋움하는 효시를 자동차산업이 만들어 주었다.

일거리가 필요했던 흑인 노동자와 노동조합의 경제적이고 정치적인 동기가 맞물려 흑인노동자의 경제적인 입지가 향상되며 새로운 영향집단으로 탄생하기에 이르렀다. 백인 간부 측에서 웬만한 숙련기술은 흑인들에게 전수하지 않은 사례도 있기는 했지만 포드자동차의 헨리포드는 파격적인 급료 인상과 함께 흑인과 백인 노동자의 임금 차이도 없애게 했다.

이렇게 시작된 아메리칸드림이 퇴색되어 간다. 경제적으로 안정되어 가며 흑인 대이동 때 놀란 백인들이 도시를 떠나 정착한 서버브에 흑인들도 이주하게 되며 당당한 중산층으로 주류사회에 참여하게 된 이들에게 경제적인 어려움이 닥치고 있다. 2세, 어떤 경우 3세까지 자동차산업에 생업을 의존하던 이들이 직업을 잃고 있다. 태평성대를 이루고 있던 자동차 공장은 문을 닫고 폐허가 되어가고 있다. 미국자동차 산업이 외국회사와의 경쟁에서 밀린 것은 비싼 급료와 평생을 보장하는 의료비 등 복지산업비를 감당하지 못하면서 어려움이 시작된 것이다.

자동차회사들이 누적되는 노조원들의 복지 부담을 줄이기 위하여 일시불을 지급하고 새 자동차 구입할 때 쓸 수 있는 $25,000에 해당하는 쿠폰까지 제공하며 회사에서 퇴직케 하여 어려움을 극복하려고 노력을 하고 있다. 자동차회사들은 그동안 누적된 적자 때문에 지불하지 못한 직원복지금을 회사주식으로 노조가 주도하는 복지펀드에 제공하기도 한다. 따라서 노동조합이 자동차회사의 대주주로 부상하게 되는 기현상이 발생한다. 연방노동부에서도 환영하지 않는 노동조합의 경영참여 때문에 주식지분을 매각한다고도 한다. 이제 3,000여 마일 밖에서 일어나던 일들이 베이 에어리어에서 일어나고 있다. NUMMI가 문을 닫으며 우리 중산층에 영향을 줄 것은 불을 보는 듯하다.

폭풍우가 지나가면 밝은 새날이 온다는 것처럼 어려움이 앞으로 있을 도약의 기회가 될 수 있다는 이야기가 있다.

1930년대 경제공황 때 시민들이 겪은 어려움은 컸지만 이를 계기로 여러 가지 사회개혁의 근간을 이루는 법이 제정되기도 했으며 연방정부 주도하에 건설공사가 활발했다.

Social Security 복지금과 의료 혜택 등 정부가 복지시설에 적극 참여하게 되며 여러 가지 일반 투자가들을 보호하는 연방법을 통과시켜 지금도 발효하고 있다.

이 일로 프랭크린 루스벨트는 지금도 근래 미국을 새롭게 일으킨 대통령으로 추앙을 받고 있다. 어려움을 겪을 때 선출된 오바마 대통령에게 거는 우리의 기대가 크다. 그가 대통령이 당선 되며 ≪Time≫지에 루스벨트 대통령사진에 그의 얼굴을 넣은 몽타주 표지가 생각난다.

지금 겪는 어려움을 만회하며 연방정부의 주도로 줄어가는 중산층을 다시 일구는 기회가 되기 바란다.

11월 선거

지난 11월 2일 선거는 연방 상하원, 각주 지사와 주 상하원 등 현 민주당 정권의 중간평가를 하는 때이기도 하며 차기 대통령 선거의 포석을 다짐하는 선거였다. 연방 선거에서 하원은 민주당이 공화당에 졌으나 상원은 다수를 유지하여 큰 견제를 받지 않고 대통령은 국정을 운영할 수 있다. 이번에 공화당 내에서 티파티 후보자들이 지도층에 반기를 들기도 한 이색적인 선거다.

캘리포니아에서는 여러 번 대통령직을 넘보던 제리 브라운이 거의 20몇 년 만에 다시 주지사가 되었다. 오클랜드 시장 승패는 투표한 지 8일이 지난 수요일 밤에 발표되었고 진 콴 후보가 당선되는 극적인 순간이었다. 제리 브라운이나 진 콴이나 선거자금에서는 상대 후보의 근처도 가지 못했다. 천문학적인 자기재산을 쓰고도 낙선한 메그 휘트만이 있는가 하면 가주 상원의장 등 여러 요직을 거치고 경찰과 소방관 노조의 적극적인 지지를 받던 단 페라타를 물리치고 당선되었다.

처음 투표 결과는 진 콴 후보가 약 10% 지고 있었으나 이번에 처음 실시된 차기후보 선택 때문에 결과는 역전되었다. 진 콴과 그의 운동원들은 선거 구역을 방문하며 유권자들이 선호하는 후보자에게 표를 찍되 두 번째, 세 번째로는 진 콴을 선택해 달라고 호소한 것이 주효했다. 득표율 50% 미만 후보는 자동 탈락되고 그들의 표는 선택된 후보에게 가게 되었다. 결과는 역전되어 51 대 49%로 단 프라타를 물리치고 진 콴이 차기 시장이 되었다.

미국에서 41번째로 큰 도시 시장이 된 진 콴은 이번 당선 소감을 다윗이 골리앗을 이긴 것에 비교하며 어렵게 성장한 그의 배경을 밝힌다. 그의 가족은 오클랜드에서 100년 이상 살았다고 한다.

가난한 그의 부모는 평생 식당에서, 호텔에서 그리고 봉제 공장에서 일을 했다. 지금처럼 돈을 싸들고 오는 이민이 아니었고 외국에서 온 헐벗고 못사는 그런 사람들이었다. 다섯 살에 아버지를 여의고 퍼브릭 스쿨을 거쳐 버클리 대학에 장학생이 되었다. 어렵게 자라며 목격한 사회의 부조리가 그를 가난하고 소외된 사람을 위한 일에 앞장서게 한 것은 당연한 일이었을 것이다.

버클리에서 아시안 스터디 프로그램 개설에 앞장을 섰고 아시아 학생 조직을 만들었다. 대학 다니며 차이나타운과 흑인 지역인 웨스트 오클랜드에서 방과 후 학생들을 지도했다.

노동조합의 조직책이기도 했던 그는 교육위원에 세 번이나 당선되고 공립학교를 위하여 7억 불의 기금을 마련하는 등 그의 정치지도자로 자리 매김을 했다. 그의 결과로 전통적인 백인 구역에서 시의원에 당선되는 이변을 가져왔다. 그가 처음 출마했을 때 유권자들은 그를 탐탁해 않았지만 지난 8년간 커뮤니티를 위한 지도력이 인정되어 시장에 당선되었다.

돈이 많고 능수능란한 그의 경쟁자에 비해 정치자금은 10%밖에 쓰지 않고 그와 뜻을 같이하는 많은 자원 봉사자와 함께한 'Block by Block' 선거 전략이 주효했다. 동네마다 거리마다 그리고 가가호호를 방문한 민중조직(Grass Roots)이 그의 장점이었다. 그리고 커뮤니티가 합친 힘의 중요함을 이번 선거가 다시 보여 주었다. 결과는 미국 대도시에서 처음 있는 아시아 여성의 쾌거다.

이번 선거가 우리에게 여러 가지를 생각하게 한다. 돈으로 밀어붙이려고 했던 메그 휘트만이나 단 페라타 같은 후보들이 뜻을 같이 하는 민의 앞에서는 맥을 못 춘다는 사실이다. 그리고 준비 없는 출마보다는 지역 사회에 봉사하며 능력을 키운 다음 출사표를 던지는 지혜도 생각하게 한다.

역시 인생은 질러갈 수 없는가 보다. 어제 있었던 진 콴 당선자 축하 모임에 다녀와서 그동안의 수고를 서로 위로하는 모습이 참 보기 좋았다. 앞으로 새롭게 태어나는 시장에게서 오클랜드의 밝은 미래를 본다.

세금 보고와 그 이후

택스 시즌이 지났다고 보고 의무가 끝나는 게 아니고 언제 닥칠지 모르는 감사를 위하여 항상 준비는 해야 된다. 근래 통계에 의하면 전국 납세자에 약 1%가 매년 감사를 받는다고 한다. 어떤 사람들은 설마하다가 큰 낭패를 본다. 근래 연방 예산적자 폭이 커지며 세원을 높이라는 요구가 국세청에 가해진다는 것은 공공연한 비밀로 알려지고 있다. 따라서 세금감사 증가현상을 보게 된다.

감사에 대처 하는 데 크게 두 가지를 생각 할 수 있다. 하나는 철저한 준비 과정이고 다른 한 가지는 우리가 피해야 될 사항을 짚고 넘어가는 것이다. 세금 보고 때가 되면 별의별 일이 다 벌어지고 있다. 한 예는 세금보고 작성자를 잘못 선정하는 것이다.

어떤 작성자는 납세자에게 백지보고서에 서명하라는가 하면 더 많은 환불을 책임지겠다고 허풍떠는데 이런 사람은 조심해야 한다. 자격이 미달되는 사람들이 세금을 보고하는 경우가 많아 내년부터는 자격증 있는 사람만 보고 대행을 해야 한다는 국세청 공고가 나기도 했다. 자격 요구에서 제외되는 직종은 공인 회계사, 변호사와 세무사 등이다.

그중에 변호사와 공인 회계사는 대학과 대학원 이상의 교육을 받은 사람들이다. 많은 미국사람들은 교육을 받고 전문자격을 갖춘 이런 전문인들을 선호한다.

다음은 국세청 요구에 불응하는 행위이고 시간이 지나면 없어지려니 하는 모래에 머리를 박는 타조형이다. 국세청 고지서는 시간이 지난다고 없어지지 않는다. 그들의 요청에 성심껏 답을 해야 한다. 답을 하되 사본은 꼭 갖고 있어야 한다. 다음 금기사항은 국세청을 우습게 알고 제멋대로 세법을 해석하는 일은 외국에서 온 이민들은 하지 않은데 자유분방한 이곳 사람들 한테서 가끔 볼 수 있는 현상이다. 그렇다고 국세청에 읍소하는 태도도 바람직한 것이 아니다.

국세청도 잘못은 할 수 있다. 그들의 요구사항을 자세히 알고 대응을 한다. 지금까지 잘못된 것만 몇 가지 지적했는데 그러면 어떻게 대처해야 되는지 생각해야 한다. 감사 통지서를 받고 혼자서 해결하려는 것은 금물이다. 어떤 사람은 본인이 여러 해 세금보고서도 작성했고 세법에 대한 지식도 있다 하여 해결하려다 봉변을 당한 경우도 보았다. 근래 우리 회사 고객의 세금 문제를 해결했다. 30,000여만 불의 고지서를 받고 난 다음 증빙 서류를 제출하니 오히려 많지는 않지만 적은 액수의 환불을 받게 되었다. 철저한 서류보전이 필요하다.

세금 보고 기간이 끝났다고 증빙서류를 방치하지 말고 최소한 3년 동안은 간수해야 된다. 나는 기간을 좀 늘려 6년여는 갖고 있으라고 권유한다. 일반적으로 법정 시효기간은 3년인데 고의적인 실수나 탈세 혐의가 있으면 시효 기간이 연장될 수도 있어서 이렇게 권유하는 것이다. 감사원과 협상이 되지 않으면 그의 직속상관 매니저와 면담 요청을 할 수도 있고 만족한 결론을 보지 못하면 법원에 소송하기 전에 한 번 더 면담을 할 수 있는 길이 있다. 이것은 납세자 권리이기도 하다.

상황이 어렵게 되면 택스 애드보케시(tax advocacy)에 도움을 요청할 수 있는 길도 있다. 그들은 국세청 직원이지만 납세자를 위하여 대변을 해준다. 의좋은 기구를 이용하는 우리 동포는 그리 많지는 않은가보다. 은행계정 차압은 급한 일이 생길 때 그들의 도움을 받을 수 있다. 감사 결과 부과되는 금액을 지불할 능력이 없으면 일정한 서식을 작성하여 분할도 신청할 수 있다. 이자는 지불해야 된다. 최후에 방법은 택스 법원에 국세청을 상대하여 소송을 제기한다.

커뮤니티 에이전시에 요청하여 무료로 소송을 제기하는 방법도 있다. 세금 감사에 여러 가지로 대응할 수 있는 적절한 전문인의 자문을 받고 매년 세금 보고를 성실하게 준비하는 우리의 마음이다. 세금은 피할 수 없으니 준비에 게으름은 금물이다.

야마다 박사

근래 본국 신문을 보니 한국과 일본 사이가 만만치가 않다. 일본이 독도를 자기네 영토라고 주장하는 글이 교과서에 실리게 되고 학교에 배포된다고 한다. 그리고 대사가 소환되는 등 사건의 심각성을 볼 수 있다. 일본이 그동안 가만히 있다가 누구를 믿고 저러는지 알 수가 없다. 이 사태를 바라보며 2년 전 만난 야마다(가명) 박사가 생각난다. 우리 부부가 잘 아는 중국계 캐나다 여인이 소개해서 우리 사무실에서 국제세법 일로 만나게 되었다. 야마다 씨는 70대 중반이었고 일본 2세도 아닌데 감탄하리 만큼 영어가 유창하다. 야마다 박사는 일본이 패전할 당시 17살이었고 고등학교(당시 중학교) 마치는 해였다고 한다.

패전과 함께 진주한 맥아더 극동 사령부는 민주화 교육의 일환으로 고등학생과 대학생을 선발하여 미국에서 장학금을 주어서 공부하게 하고 일본의 새로운 지도자로 양성하게 하기 위함이었다고 한다. 야마다 씨는 그 그룹에 뽑혀서 미국에 와 사회학으로 박사학위 받은 다음 다시 신학으로 두 번째 학위를 받았다고 한다. 어떤 개신교 교단에서 목사 안수도 받고 미국에서 목회도 하다가 한국에 가 미군교회와 한국

교회에도 영어로 설교도 했다고 한다. 한국에서 여러 해 거주했다고 하며 비교적 한국을 잘 안다고 한다. 캘리포니아에 집이 있고 일본에도 집이 있는 이 사람은 목회를 그만두고 전 세계를 누비며 일본 골동품을 사고파는 상인으로 변신했다. 일본이 패전한 다음 헐값으로 팔려나간 일본 골동품과 서화 등을 유럽과 미국에서 사서 일본으로 역수출하여 재산도 제법 모았다고 하는 이야기를 내게 소개한 이씨 부인이 전한다. 노년은 일본 집에서 주로 보낸다고 한다.

내 사무실 회의실에서 국제세법상담 하다가 당시 세상 돌아가는 일들과 잡지와 신문에 난 기사 이야기하다가 ≪월스트리트≫지로 옮겨갔다. 만약 북한과 일본이 전쟁을 하게 되면 남한이 가만있지 않고 북한에 가세하여 일본과 전면전을 벌이게 된다는 기사를 인용하니 이 노박사는 즉각 반응을 보인다. 양측 다 그리 쉽지 않은 전쟁이 될 것이라고 하며 한반도에 두 나라는 일본이 어떤 무기를 갖고 있는지 모를 수도 있다고 한다. 자기가 군사 전문가가 아니어서 자세히는 알 수 없지만 아마 오래전부터 그런 가능성을 생각하고 준비할 수도 있지 않겠느냐고 오히려 나한테 질문을 한다. 일본 군사 전문가들은 그런 가상 시나리오로 준비했을 것이다. 그냥 당하고만 있을 일본은 아니라고 한다. 일본사람의 입장으로 보면 틀리는 이야기는 아니다. 이런 이야기가 패전을 목격한 당신 세대 사람들만의 생각이냐 아니면 일본사람 전체 생각이냐고 하니 거기에 대해서는 답이 없고 다만 알 사람은 다 아는 상태라고 한다. 따라서 충분히 가공할 무기를 비축할 수도 있다고 한다. 그리고 한반도 두 나라와 일본이 전쟁을 하게 되면 미국이 중립을 지키든지 아니면 일본을 돕지 않겠느냐고 당연한 것처럼 말을 한다.

이제 한국을 떠나 거의 반세기를 해외에서 지내며 항상 한국 안보에 신경을 쓰고 있는 나는 등골이 서늘함을 느꼈다. 정말 그리될까 하며 반문도 하다가도 미국신문과 잡지에 난 기사들이 생각난다. 지난번 진보 정권 당시 반미 감정이 팽배했을 때 일이다. 미군 고급장교가 전철역에서 구타를 당하고 침을 뱉는 모욕을 당한 기사가 크게 보도된 것과 한국 주둔미군 병사의 인터뷰 기사도 떠오른다. 이 병사의 말이 만약 북한과 전쟁이 벌어지면 두려운 상대가 북한 군인이 아니고 자기한테 민족주의를 내세우며 총부리를 겨눌 수 있는 한국군 병사들이라고 했다. 미국 사람의 특징이 기억을 오래 하는 것인데 불이익을 당했다고 생각하면 그 일이 해결될 때까지 잊지 않는다. 우리처럼 대장부답게 사과한다고 잊는 것이 아니다. 혹시 미국에서 오래 공부도 하고 사회 활동한 야마다 박사가 미국사람들의 속성을 잘 알고 한 이야기가 아닌지 모르겠다. 세법 상담하고 나가는 그의 뒷모습을 보며 참 우울했던 기억이 난다.

은퇴 연금 대란

얼마 전부터 은퇴 연금에 대한 시민들의 인식이 달라지기 시작했다. 몇 십 년만 일하고 퇴직하면 연금을 자동적으로 받으리라고 믿던 기구에 변화가 생기기 시작한 것이다. 워낙 은퇴연금은 노동조합의 적극 추진으로 1940년대부터 정부의 큰 통제를 받지 않고 운영되다가 1974년에 ERISA라는 법안과 함께 연방 노동부의 관여를 받게 되었다. 평생 일하던 사람들이 나이가 들어 은퇴한 다음에는 퇴직기금과 함께 의료비도 기금공단에서 책임지게 되는데 전적으로 고용주가 지불하는 연금 비용으로 충당된다. 여러 해 동안 잘 운영되던 신탁기금은 은퇴자의 평균 수명 연장으로 지출이 늘게 되고 은퇴자를 위한 의료비가 엄청나게 증가하며 어려움을 겪고 있다. 경제가 위축되면서는 신규 가입자가 줄게 되었다. 거기에 따르는 불입금도 감소되고 기금에 내는 비용도 연체가 되는 등 심한 경영난을 면치 못했다. 더구나 지난 몇 년 동안 있었던 주식 시장 하락세로 투자금에 적자를 보는 등 엎친 데 겹친 격이다.

사기업은 그렇다고 하지만 군소 도시는 없는 재정에 납입금을 지불

못하다가 역사에 유래가 없는 파산신청을 하기에 이르렀다. 이스트베이 '발레호' 시는 2년여 전 세원은 줄고 과다지출되는 경비 때문에 파산을 신청하였다. 캘리포니아주의 여러 도시는 공무원 노동조합과 단체교섭을 통하여 구성된 연금신탁기금과 계약을 맺고 있다. ≪월스트리트 저널≫ 6월 6일자 사설에 의하면 발레호 소방서원은 50세에 은퇴할 수 있고 은퇴연금으로 연봉에 90%까지 받을 수 있다. 그 액수가 10여만 불인 엄청난 숫자다. 또한 이 도시는 현재 1억3천만 불의 의료비와 은퇴기금 납입 비 8천4백만 불이 미지불되고 있는 상태라고 한다. 반면 시 예산은 연 8천9백만 불이라고 하니 놀라지 않을 수 없다. 이 지경이 될 때까지 시당국과 의회는 무엇을 했는지 비난을 면치 못할 것이다.

궁여지책으로 신규 채용 소방서원과 경찰에게 연금을 대폭 삭감하고 더구나 시당국에서 전체 지불하던 불입금 일부를 그들에게 부담하게 하는 등 여러 가지 방침을 강구하고 있다. 은퇴연금 지불에 허덕이는 다른 도시들이 발레호 시의 파산 결과를 눈여겨보고 있다. 로스앤젤레스 시도 이 사태에 결과를 보고 있으며 따라서 그들도 파산을 준비할 수도 있다고 한다. 어떤 방도가 없다면 공무원 노조와 노동계약을 맺은 도시 당국의 파산이 줄을 이을 것이라는 우려가 있다. 그러지 않고는 노조와의 계약을 해약할 수 없다고 한다. 다급해진 노동조합은 시의 줄 파산사태를 막으려고 캘리포니아 주 의회에 파산 심의 위원회를 설치하는 법안을 통과하려고 한다. 그곳에서 승낙을 받은 도시만 파산하게 할 수 있게 한다고 한다.

노조와 우호적인 민주당의 호응을 받고 있지만 결과는 주목된다. 그리되면 파산하지 않은 도시의 연금을 주정부가 책임을 져야 되는데 그러지 않아도 주 예산이 고갈된 상태에서 가능 할지는 두고 보아야겠다. 다른 시나리오는 연방 정부가 책임지는 것이다. 이제 소규모 도시가 파산을 못하게 법이 통과된다면 결국은 은퇴금을 보장해 주는 연방기구(Pension Benefit Guarantee Corporation)에 기금 공단을 넘겨 줄 수 밖에는 없을 것이다. 은퇴연금을 책임지는 이 기구는 현재 자금이 고갈 상태라고 한다. 결과적으로 피해는 은퇴자들이 볼 수도 있겠다. 그리고 은퇴자들에게 보장된 연금이 감소될 가능성도 배제할 수는 없다. 이래저래 연금 때문에 우울한 이야기가 계속해서 들린다. 아마 앞으로의 은퇴금은 우리가 책임져야 할 시기가 오겠고 은퇴자가 책임을 지는 형태로 바뀌게 될지도 모르겠다. 우리도 준비를 해야 하며 다른 때보다 더 전문가의 도움이 필요할 때라 하겠다.

종교단체의 정치참여

이제 대통령선거 다음에 오는 중간 선거에 미국민의 시선이 집중되고 있다. 매 선거 때마다 종교 단체의 정치 참여가 논의되고 이번도 예외는 아니다. 보수파 교회와 교인들은 공화당을 지지하는 경향이 뚜렷하다. 교회에서는 설교 시간에 목사가 특정 정치인이 당선되어야 한다고 강조한다. 그리고 그가 속한 정당 후보를 꼭 뽑아야 되는 것이 성서에 있다고 성경을 들먹이는 경우도 있다.

지난번 정부통령 선거에 있었던 것처럼 지금도 그런 논의가 계속된다. 흑인노예 제도의 타당성이 성경에 있다고 이야기한 200여 년 전 일이 생각나서 듣는 사람들의 마음을 씁쓸하게 한다. 이번 중간 선거에서는 전에 없던 공화당의 티파티계의 후보들이 여러 명 나와 선거의 양상을 바꾸어 놓는다.

그리고 그들은 공화당 내에 새로운 바람을 일으키고 어떤 경우는 중간 선거 결과를 예측하기 힘들게 한다. 비영리 단체 특히 종교 단체가 특정 후보를 지지하는 정치행위를 연방세법에서 금지하는데도 이를 아랑곳하지 않고 주일 강단에서 피치를 올리는 목회자가 늘고 있어 물의를 일으킨다.

애리조나에 사무실을 둔 얼라이언스 디펜스 펀드(Alliance Defense Fund)는 정치 활동하는 목사들을 변호하는 기구다. 이들은 연방세법의 정치금지조항은 언론의 자유를 침해하는 행위라고 하며 법적대응을 하고 있다. 대부분의 종교 지도자나 세법 전문가들은 적법성을 무시한 정치 목사들을 부추긴다 하며 이 변호기구를 비난하고 있다. 그리고 이 단체의 구성원들을 위법 혐의로 조사해야 된다고 이구동성이다. 일부에서는 이러한 위법 행위는 열세에 몰린 후보자를 돕는 방편에 이용되고 있다고 비난도 한다.

선거 때마다 미전역에 여러 명의 종교 지도자가 세법을 무시하며 특정 정치단체를 돕고 주일날 정치활동을 강단에서 계속하고 있다. 이들은 특히 민주당 후보가 동성결혼을 지지하고 낙태를 허용한다고 비난하고 지금 미국이 겪고 있는 경제의 어려움도 이들 때문이라고 퍼붓는다.

대통령선거 때에도 이번 선거에 오바마는 찍지 말아야 된다고 하며 아멘으로 설교 마치는 교회도 있었다고 ≪월스트리트≫지는 보도했다. 어떤 이들은 설교시간에 정말 기독교인이라면 하느님을 거역하는 민주당 무리들에게 표를 줄 수 있느냐는 극단적인 화법도 쓴다고 한다.

그동안 침묵을 지키던 세법학자들도 이들의 탈법행위를 더 볼 수 없어 반론을 제기한다. 오하이오 법대학장인 도널드 토빈은 국세청(IRS)은 이제 더 이런 위법행위를 보고 있을 수 없는 경지에 이르렀다고 하며 적절한 조치를 취해야 된다고 한다.

적절한 조치라면 비영리 단체 허가를 취소하는 것이다. 그리되면 이들은 영리 단체가 되며 주일 헌금에서 경비를 제하고 남는 액수에 세금을 계산해야 된다. 엄청난 세금이 될 수도 있고 지금 목회자가 사용하는 사택도 과세 대상이 된다. 교단에 속해 있지 않는 교회는 그들 혼자서 비영리 허가를 잃어도 그들 개체 교회 문제가 되지만, 주류 교단에 속해 있는 교회는 한 교회 때문에 전체가 영향을 받을 수도 있을 것이라고 세법 전문가들은 우려하고 있다. 지난번 선거 때 매케인을 지지하는 목사 중에 몇 주류 교단에 속한 사람도 여럿 있어서 귀추가 주목되었지만 국세청의 그 후의 조치는 알 수 없다.

이번 선거를 맞아 우리도 주위를 살펴보아야겠다. 우리도 알게 모르게 교회에서 선거를 하고 있지나 않은지. 목회자들도 본의 아니게 어떤 특정 후보를 지지하는 설교가 없었는지. 그래도 하느님을 만나 뵙는 예배처소인데 정부기관에서 그렇게 심하게 하지는 않을 것이라는 안이한 생각은 금물이다.

연방세법이 적용되기 시작한 70여 년 동안 여러 종교 단체가 비영리 허가 취소를 받고 얼마를 버티지 못하다가 문을 닫는 경우를 우리는 보아오고 있다. 최근의 경우는 텔러 에반젤리스트 짐과 태미 베이커 목사부부가 파산하는 과정이었다.

종교와 정치는 손을 잡지 말아야 한다는 것이 미국의 건국이념이고 아직도 그 맥을 이어 가고 있는 것을 우리는 알고 있다.

07 피아노 연주의 새 얼굴

피아노 연주의 새얼굴

일전에 뉴스미디어에 노부유끼 쓰지이라는 일본청년 이야기가 보도되었다. 클래식 피아노 연주가인 그가 지휘자의 숨소리를 신호(큐)로 하여 피아노를 연주하였다. 연주하기 전에 건반 모서를 만지며 자리를 익힌 다음 공연에 임하였다고 한다.

20세인 쓰즈이는 앞을 보지 못하는 맹인 피아노 연주가로 매 4년만에 열리는 국제 밴클라이번 음악 콩쿨에서 일등한 젊은이다. 귀국하여 동경에서 있은 인터뷰에서 담담하게 쓰지이는 "나는 장애인입니다. 그리고 그 한계를 극복했습니다."라고 자신의 뜻을 피력했다. 17일간 여러 차례의 경선을 거치는 이 경연은 체력과의 싸움이기도 했다고 한다. 몇 백 명의 경쟁자 중에서 12명이 뽑히고 그 다음에 6명 그리고 최종 한 사람이 뽑히는 과정 중에서 여러 번 연주를 계속했어야 됐다고 한다. 머리가 덥수룩한 그는 쇼팽의 에튜드를 연주할 때부터 관중을 사로잡았고 연주가 끝나고 난 다음 기립박수도 받았다. 연주하기에 쉽지 않은 곡이었다고 한다. 그리고 따라오던 중국피아니스트를 제치고 정상에 오르게 되었다.

그는 여러 음악가들의 평론을 받았다. USC의 크레이거 교수는 "힘든 음악을 잘 소화기도 했고 육체의 인내력도 많이 요구하는 베토벤의 하머클라비에 소나타를 무리하지 않고 잘 소화했다."라고 하였다. 그가 맹인이었기에 심사의원으로 부터 동정표를 받았다고 비난하는 평론가도 있었다. 한 평론가는 쓰지이가 정직하고 꾸밈없고 아름답게 음악을 소화했다고 한다. 그는 타고난 음악 천재였던가 보다. 두 살에 어머니가 노래하던 징글 벨을 듣고 장난감 피아노를 곧장 따라 쳤다고 한다. 그는 태어날 때부터 앞을 보지 못했다. 음악의 천재성을 발견한 부모들은 일곱 살부터 본격적으로 음악을 가르치기 시작했다. 처음에는 한 손으로 브레일을 읽게 하고 다른 손으로 건반연습을 시켰다. 그리고 그는 음악을 외우기 시작했다고 한다. 지금은 봉사자들이 녹음한 음악 피스를 들으며 연습한다고 한다. 열 살에 오사카 교향악단과 공연하고 열두 살에 카네기홀에 연주하리만치 재능이 있는 피아노 연주가이다. 지금은 우에노 음악대학에 재학 중이라고 한다.

재즈 등 대중음악에는 맹인피아노 연주가 겸 가수는 많은데 클래식에는 그리 많지 않다고 한다. 18세기 음악계의 거장인 모차르트와 살리에리로부터 곡을 받아 연주한 맹인 피아니스트 마리아 테레시아 파라디스라는 오스트리아 여자가 알려지는 정도이다. 재즈 음악에는 우리도 잘 아는 레이 찰스, 스티비 원더, 아트 테이듬 등을 들 수 있다. 레이 찰스는 브레일도 잘 알았지만 귀로 듣고 음악을 소화하며 연주했다. 그는 악단을 위한 작곡을 할 때는 작곡가와 연주가들에게 그가 불러주는 음악을 오선지에 받아쓰게 했다.

지금도 많은 학자들이 시력이 없는 사람들이 어떻게 장애를 극복하고 음악가로 대성할 수 있는지 연구하고 있으며 시력이 없는 사람들과 그들이 성장하며 음악가로 대성하는 데 어떤 관계가 있는지 지금도 연구 중이다. 시력이 없어지면 인체 다른 기능을 보완한다고 한다. 이런 이유로 정상인보다 음악에 더 예민하게 되고 음악의 천재성을 나타내는 계기가 되지 않나 하는 가능성도 제기한다. 쓰즈이는 베토벤과 쇼팽을 참 좋아한다. 그래서 이번 음악경연 대회에서 이 두 작곡가의 음악을 연주하고 피아노 연주가로 정상에 올랐다.

재미있는 것은 그는 가라오케와 함께 엔가도 퍽 좋아한다는 것이다. '엔가'는 우리가 이야기하는 뽕짝이다. 클래식에서 엔가를 좋아하는 이 젊은이는 음악의 다른 분야를 동시에 좋아 하는 것이다. 주위에서 "만약에 눈을 뜬다면 무엇을 제일보고 싶느냐?"라고 질문하니 "부모 얼굴이고 그다음에 친구들, 별, 바다 그리고 불꽃놀이"라고 대답하였다고 한다. 그렇지만 괜찮다고 한다. 지금 그대로에 만족한다고 하며 그는 그의 마음의 눈으로 사물을 본다고 한다.

이 글을 쓰며 내 마음이 아려온다. 나는 두 눈을 갖고 지금까지 그저 시각에 들어오는 피상적인 것만을 보며 지내왔기 때문이다. 쓰즈이의 음악평론을 읽으며 나도 피상의 단계를 넘어 마음의 눈으로 사물을 보며 이웃을 대했는지 생각하는 계기가 된다. 마음의 눈을 열고 이제 클래식 음악의 대가가 되어가는 이 젊은이에게 뜨거운 성원을 다시 한번 보낸다.

공화당 부통령 후보 사라 페일린

2008년 정부통령 선거에 참 생각하지도 못하던 일들이 일어나고 있다. 버락 오바마라고 하는 초선 흑인 상원의원이 민주당 대통령 후보로 지명됐다. 누구도 생각 못한 흑인이 민주당 미신인 힐러리 클린턴을 제치고 선출됐는가 하면 공화당에서는 지금까지 전혀 알려지지 않았던 알래스카 여성 주지사를 부통령 후보로 앞세웠다. 주지사 페일린은 정치 경험도 얼마 되지 않고 자기 고향 시장을 거쳐 일약 주지사가 된 입지적인 인물이다. 그러지 않아도 아프가니스탄과 이란의 전쟁수렁에서 헤어나지 못하던 공화당에게는 획기적인 사건이 없는 한 이기기 힘든 선거이다.

공화당이 고육책으로 내세운 사라 페일린은 40이 조금 지난 젊은 사람이다. 다른 때 같으면 이런 사람이 부통령 후보로 거론된다는 게 어림도 없는 일이었을 것이다. 공화당 대통령 후보 매케인이 70이 넘은 나이고 부시와의 연관 때문에 선거에 장애 등 공화당으로는 힘든 선거이다. 작은 도시에서 체육 선생 아버지 밑에서 자란 그녀는 퍽 활동적이고 사냥도 잘했고 못하는 운동이 없을 정도로 적극적인 성격의 소유자이다. 하와이를 거쳐 아이다호 대학을 졸업한 다음 고등학교 때 보이 프랜드와 결혼한 전형적인 주부형이다. 고향 와실라에서 시장을 거쳐 주지사에 당선되며 본격적으로 정치인으로 탈바꿈을 한 인물이다. 이러한 조건을 가진 여성이 직업 정치가에 식상한 유권자들을 열광케 했다. 그녀의 차림도 전형적인 미국여자이고 자기는 아이들 운동을 돌봐주는 그저 'hockeymom'이라고 하며 전형적 중산층에 어필하려고 했으며 그것이 먹혀들었다. 더구나 남편은 알래스카 원주민 혈통을 갖고 비백인 미국인들을 향한 몸짓을 한다. 그의 남편은 터프하기로 유명한 팀스터 노동조합원이다. 전통적으로 민주당을 지지하는 노동조합원들은 대놓고 이야기하지 않지만 아이비리그 출신인 흑인 오바마가 그리 탐탁하지 않은 터에 페일린 부통령 후보의 남편이 관심 끌기에는 충분했다.

역시 공화당 정책 수립자들의 안목에 혀를 내두를 만하다. 그녀가 어찌나 인기가 많았던지 그의 머리 스타일에 그의 구두까지 동이 나서 팔지 못한다고 했다. 수치가 여러 포인트 떨어지고 있던 공화당 후보가 인기를 만회하기 시작했다. 처음에는 매케인과 같이 선거 유세하다가 페일린 혼자 하기에 이르렀다. 뉴스미디어의 날카로운 질문공세도 받으며 실수도 했지만 그런대로 잘 피해 나가는 수완도 보여 주었다. 질문의 내용은 작은 주의 주지사 경력밖에 없는 사람이 부통령이 되면 외교와 국방문제에 얼마나 대처할 수 있겠느냐는 것이었다. 공화당의 인기가 페일린 때문에 만회하는 것 같더니 주춤하기 시작했다. 70이 넘는 매케인이 대통령으로 유고가 생길 때 그녀가 나라를 이끌 수 있으며 전쟁이 났을 때 군을 통솔할 수 있을지 걱정하는 사람은 나 혼자만이 아니었던 것이다.

1984년에 월터 몬데일과 제랄딘 페라로가 민주당 정부통령 후보로 출마했다가 공화당 후보에게 참패했다. 페라로가 미국 역사상 처음으로 여자부통령 후보였고 페일린이 두 번째다. 지난 200여 년에 몇 사람 빼고는 부통령이 그리 지도력을 발휘하지 못했다. 어떤 사람은 이름도 생소하리만큼 관심 밖에 있는 경우도 있었다. 부통령의 하는 일은 상원 의장으로 회의를 주재하는 정도이다. 지금 딕 체이니 같은 사람은 예외로 영향력을 발휘한다. 아버지 부시 대통령 때 국방장관을 지낸 연유이기도 하지만 항상 그렇지만은 않다. 이 나라 역사상 삼선 대통령 한 프랭클린 루스벨트 같은 이는 해리 트루만 부통령을 철저히 고립시키고 원자탄 만드는 것조차도 비밀리에 하였다. 닉슨 대통령 때 스피로 애그뉴 부통령은 뇌물혐의로 해임당하는 등 참 컬러풀한 사람도 있었다.

이 사람은 어떨지 모르겠다고 이야기하는 사람도 많다. 그녀는 알래스카에서 소송 문제로 어려움을 겪기도 했다. 이제 인기도 전 같지 않다고 신문에 보도되었다. 공화당내에서도 경험이 없는 페일린에 대하여 마음이 편치 않은가 보다. 오늘 아침 신문에 여자와 비백인이 필요했다고 하면 외교경력도 많은 라이스 현 국무장관을 내세워야 했던 게 아니었느냐고 하는 기사도 났다. 이제 정치적인 깜짝쇼는 지나갔고 나머지 70여 일 동안 어떻게 진지하게 유권자에게 다가가며 지금 온 나라가 겪고 있는 어려운 경제타결책을 제시하는 후보가 당선될 것이다.

라스베이거스

누구나 일명 죄악의 도시(Sin City)라고 불리는 라스베이거스가 몰몬교도들의 정착지였다고 상상할 수 없을 것이다. 1800년대 말에 유타에 자리를 잡은 이들 일부는 계속하여 서쪽으로 이동하다가 이곳에 선교 커뮤니티를 이루기로 했다. 그래서인지 몰몬교도들이 지금도 영향력을 행사한다는 이야기도 있다. 황량한 이곳 근처에 후버댐이 건설되고 제2차 세계대전 때 군인들이 주둔하며 도시의 모습을 갖추게 되었다. 네바다 주 전체가 도박 산업 등 향락산업으로 발전하다가 가족 중심의 관광지와 컨벤션센터가 자리를 잡기 시작한다. 초기에는 카지노와 호텔이 마피아 보스인 '박시 시글'과 '마이어 랜스키' 등의 손아귀에 있는 등 환락과 범죄의 도시로 악명을 떨치기도 했다. 1970년대 초만 하여도 인구가 10만 명 정도였는데 2008년에는 180만을 돌파하는 큰 도시로 발전했다.

사막에 세워진 신기루를 따라 미국 전역에서 사람들이 몰리기 시작했다. 일확천금을 꿈꾸는 도박꾼들이 있는가 하면 인건비가 높은 이곳에서 지금까지 이루지 못한 아메리칸드림을 완성하려는 사람들로 붐비기 시작했다. 칵테일 웨이트리스가 한 주 평균 팁이 천 불 이상이고 호텔메이드가 시간당 $14 이상을 받는다. 더구나 큰 카지노와 호텔 등이 서로 경쟁을 하며 3, 4년 만에 내부시설을 다시 하는 등 도시 곳곳에 건설경기가 붐을 이루고 있었다. 들리는 말에 의하면 전체 공사비용을 3년 만에 환수한다고 하니 호텔들이 시설을 업그레이드하는데 신경을 쓸 만하다. 노동조합의 영향이 큰 이곳에서 웬만한 규모의 공사는 모두 노조와 계약한 건설회사가 시공을 하며 전국적으로 블루칼라 일꾼들이 높은 임금 때문에 모여든다. 한동안은 전국적으로 가장 빠르게 성장하는 도시로 각광을 받고 카지노와 호텔 종업원이 1985년에 40,000여 명에서 근래에는 110,000여 명 되기에 이른다.

주택시장의 변동으로 시작된 경기하락이 라스베이거스를 다른 도시 이상으로 타격을 받게 했다. 전국 실업률 9.5%인데 이곳은 12.3%이고 집값이 전국적으로 평균 49% 증가했을 때 라스베이거스는 122% 증가하다가 작년에는 30%로 하락과 함께 지금도 멈추지 않는다고 한다. 근래 관광객의 숫자가 현저하게 줄어들고 컨벤션 등도 해약하는 등 도시 전체에 불어닥치는 한파가 만만치 않다. 관광객이 온다 하여도 예전처럼 돈을 쓰지 않고 바게인만 찾는다고 한다. 그동안 여러 카지노들이 경쟁하던 건설공사가 자금의 어려움으로 중지되고 있다. 한동안 객실 이용률이 95% 이상일 정도로 경기가 좋아 '해라스', 'MGM 미라지', 'LV 샌드스' 등이 몇 십 억 불씩 들이며 경쟁하였다. LV 샌드스의 '셀돈 에이들슨' 사장은 당분간 라스베이거스의 건설경기는 없을 것이라고 단정한다.

35억 불 프로젝트 '폰텐블루'가 공사 중 파산신청을 하고 50억 불의

'에셀론'도 급기야 손을 들었다. 현재 84억 불 드는 '시티 센터'는 거의 완성 단계에 들었는데 5,000개의 호텔객실이 포화상태에 있는 객실시장에 얼마나 악영향을 미칠지 관계자들은 지금부터 우려하고 있다. 그 이외에도 7개의 대형건설공사가 중단되거나 지연된다고 '타마라 아우디' ≪월스트리트≫지 기자가 보도 한다. 전국적인 조직을 갖고 있는 건설노조는 라스베이거스에 일이 없으니 가지 말라고 통보한다고 한다. 여기에 11,000조합원을 갖고 있는 이 노조는 건설경기가 호전되지 않으면 금년 말에 약 8,000여 명이 일자리를 잃는다고 한다. 여러 번 경제의 어려움을 겪고도 일어설 수 있었던 이곳은 지금의 처지가 전과는 같지 않다고 한다.

미국사람들의 소비패턴이 바뀌고 있다고 전문가들은 이야기한다. 소비가 미덕이던 상태에서 이번 경제의 어려움을 겪으며 소비자들이 저축을 시작한다. 한동안 연 1%를 밑돌던 저축률이 이제는 5%이상으로 상승하는 등 패러다임 변화가 온다. 라스베이거스경제가 쉽게 회복할 수 없는 것은 건설공사에 투자한 엄청난 빚이 경기회복에 발목을 잡는다고 한다. 지난 몇 번 있었던 경기 하락 때 없었던 현상이다. 이제 신기루가 그저 신기루로 끝나는지는 두고 보아야겠다. 어떤 모양으로든지 불사조처럼 다시 태어날 수도 있다고 낙관하는 사람도 있지만 비전문가인 우리는 그리되었으면 하는 바람뿐이다.

마리화나 합법 사용

11월에 시행되는 일반 투표에 주민 발의안 19번 있었다. 이 발의안이 통과되면 지금까지 약용에 한했던 마리화나가 기호품이 되고 사회에 주는 영향은 대단할 것이다. 우리에게 범죄 시 되던 마리화나에 대한 인식이 변하겠고 어떤 경우에는 성인 기호품인 담배나 술과 무엇이 다르냐는 주장도 서슴지 않을 것이다. 더구나 캘리포니아에서는 1996년 미국에서 처음으로 약용 마리화나 사용법을 통과시킨 이후 전국적으로 14주가 같은 주법을 채택했다.

오클랜드는 다른 곳보다 '카니버스 클럽'이라고 하는 약용 판매처가 많다. 브로드웨이에 밀집되어 있고 오크스텔담 대학은 마리화나 연구를 집중적으로 하는 기관이라는데 주정부에서 정식인가받은 대학인지는 알 수 없다. 이 학교는 리차드 리(Richard Lee)라는 텍사스 출신 백인이 운영하고 그가 주축이 되어 이번 발의안이 상정되었다. 그는 마리화나의 합법 사용을 오래전부터 주장하며 이제 전국적으로 이 분야의 권위자로 알려져 있다.

이 사람은 전기일을 하다가 하반신이 마비되는 부상을 당하고 휠체

어에 의지하는 생활을 하고 있다. 그는 통증과 우울증을 극복하기 위하여 마리화나를 사용하기 시작했다고 한다. 교육을 많이 받은 부모의 반대에도 불구하고 마리화나를 사용하며 정상을 되찾는 아들을 보고 허락하였다고 한다. 이제는 아들의 발의안 통과를 적극적으로 돕고 전국적으로 순회강연도 한다고 한다.

얼마 전 오클랜드 군사기지 공터에 대대적인 마리화나 경작지를 만들고 시정부의 주관 아래 마리화나 재배안이 시의회에서 심각하게 논의되었다. 시정부에서는 이곳에서 징수되는 세금이 몇 백만 불 될 수 있다고 관심을 보인다. 이곳 세원은 지방정부에서만 관할하게 되어있다. 이 세원으로 해고된 경찰 80명을 복직시킬 수도 있지 않나 하는 이야기도 있다.

지금까지 약용 마리화나 판매는 성공적으로 시행되고 있다. 의사의 처방전이 있어야 구입할 수 있게 통제하고 있다. 따라서 필요한 사람들에게는 전처럼 비싸게 거리에서 구입하지 않아도 된다. 이제 약용의 한계를 넘어서 기호용으로 사용하는 발의안으로 주민에게 묻는다. 통과된다 하여도 이에 뒤따르는 어려움이 적지는 않을 것이다. 연방법은 마리화나 사용이 금지되어 주민 발의안이 통과된다 하여도 그 귀추가 주목된다.

유학생활을 시작한 1960년대에 내가 다니던 학교는 전쟁 반대자와 히피가 많기로 유명하던 소노마 카운티에 위치하고 있었다. 마리후아나 재배하기에 비옥한 땅 멘도씨노가 멀지 않아서인지 학교에서 마리화나 구하기가 캔디 사는 것만큼 쉬웠다.

수업시간에 심리적 체험을 한다며 소등하고 학생들이 둘러 앉아 강의를 들으며 담배 같은 것을 돌려가며 두어 모금씩 들이킨다. 내 차례가 와서 피웠는데 풀 타는 냄새와 머리가 띵한 것 이외에는 별로 좋은 기억이 없다. 다시 내 차례가 왔을 때 사절했다. 그것이 '조인트'라고 하기도 하고 '팟'이라고 하는 마리화나라는 것을 후에 알았다. 기호로 즐기는 동료학생들에게 나는 당시 즐기던 담배가 더 좋다고 하며 다시는 손을 대지 않았다. 아마 서울에서 보아오던 아편쟁이 생각 때문인지도 모르겠다.

캘리포니아에서 시작하며 여러 주로 번진 약용 마리화나가 언젠가는 기호품으로 바뀌게 될 것이라는 전문가들의 이야기가 있던 중에 나온 발의안이다. 큰 규모의 재배업자가 시장을 점유할 가능성 때문에 소규모 사업가들은 전전긍긍한다고 한다. 노동조합에서는 재배와 유통과정에 종사하는 사람들을 노조에 가입시키겠다고 벌써부터 준비하고 있다. 이렇게 알게 모르게 마리화나가 우리 생활에 가깝게 있는 모양이다. 나는 이번에 상정된 주민발의안 19번을 미국의 역사적인 금주령 해제와 연관지어 생각하는데 아직 명확한 답이 나오지 않는다.

흑인과 백인

이 글이 신문에 실릴 때면 이번 대통령 선거결과가 나오고 역사적으로 처음 여자 부통령이 나오든가 아니면 흑인 대통령이 탄생하는 경이스러운 일이 생길 것이다. 인종문제가 엄청나게 개선되었지만 내가 처음 유학 온 1960년대 말만 해도 꿈도 꿀 수 없는 일이다. 이 기회에 우리가 매일 마주치는 흑인들을 더 잘 알 필요가 있으며 이들을 새롭게 조명하는 데 이 글이 도움이 될 것이다.

미국에 처음 와서 이상하게 보이는 것은 여러모로 다르게 생긴 흑인 모습이었다. 타잔 영화에 나오는 두꺼운 입술에 오리 궁둥이를 한 전형적인 사람들이 있는가 하면, 피부는 검은데 백인에게서나 볼 수 있는 파란 눈이나 그린색 눈을 가진 이, 곱슬머리인데 블론드나 아니면 빨간색인 흑인 등이다. 지금은 머리 염색을 하지만 그때만 해도 그렇지 않을 때다. 또한 흑백이 잘 조화된 미남 미녀 등 참 여러 층의 사람들과 마주치게 된다. 즉 이들이 지난 200여 년 동안 백인과 피가 섞인 사람들이다. 오래전에 읽은 기사에 의하면 지금 미국 흑인 중에 순수 흑인 혈통 소유자는 전체에 10% 정도라고 한다.

이들은 타의에 의하여 신대륙에 노예로 강제 이주 당한 사람들의 후예들이다. 아프리카 대륙 서해안에 살던 이들을 브라질과 서인도 제도에 강제이주 시켜 사탕수수 재배와 처녀림 벌목노동을 하게 하였다. 그 이후 미국산 목화와 담배가 산업 혁명이후 전 유럽에 공급되며 인력이 부족한 남부에 노예로 팔려오게 되면서 많을 때는 4백만 명에 육박하였다. 노동력이 필요 없을 때에는 언제든지 다른 곳으로 팔려갔다. 노예부부와 아이들이 따로 따로 팔려가는 비극도 있었다. 노예로 팔려온 젊은 여자들은 농장주나 감독의 노리개가 되고 거기에서 생긴 반 백인자녀들은 집안 하인이 되거나 비교적 쉬운 일을 했다고 한다.

아름다움이 백인 위주가 된 당시의 흑인사회에서 피부가 흰 사람들이 지도층이 되고 상대적으로 힘든 일은 하지 않았다고 한다. 색깔이 검은 사람들은 밭에서 힘든 일을 했다. 흑인 여자들은 백인남자들에게 겁탈당할 때 자신들을 지켜주지 못한 흑인남자들을 불신하는 풍조가 있었고 그 전통 때문에 지금도 흑인 가정에는 여자목소리가 크다고 어떤 사회학자는 이야기한다.

독립선언문을 쓴 제 삼대 대통령 토머스 제퍼슨은 샐리 헤밍스라는 흑인여자와 동거하며 여러 자녀도 가졌다. 이 여자는 작고한 부인의 반백인 이복동생이었다. 대지주였던 그의 장인과 흑인 여자 노예 사이에서 태어난 사람이다. 제퍼슨의 혼혈 자식 중에 한 명은 그가 프랑스 대사할 때 요리사로 같이 가기도 했다. 이외도 백인 사이에서 이런 일은 비일비재했다.

그중에 19세기 말 흑인 민권운동가 프레드릭 더글라스(Fredrick Douglass)같은 이는 백인 아버지가 자기를 노예로 판 후에 끌려가다가 탈출하여 북쪽에서 독학하여 흑인지도자가 되었다. 후에 흑인을 대표하여 링컨대통령과도 면담을 하기도 하였다. 이 사람은 나중에 자기 백인여자 비서와 결혼도 한다.

윌리암 포크너의 소설 ≪Absalom, Absalom≫에서 흑백 혼혈에 대한 이야기가 자세히 나온다. 피가 반씩 섞였다고 하면 '물라토'라고 하고 1/4이면 '무엇'이라고 하고 1/8이면 '무엇'이라고 이름도 여러 가지다. 한동안 남부에서 흑인을 정의할 때 흑인 피가 1/32 섞였으면 아무리 백인처럼 생겼어도 흑인으로 분류된 적도 있었다.

이번 공화당 후보 존 매케인 할아버지가 남부 미시시피 출신이다. 그는 형에게 엄청나게 큰 농장을 넘겨주고 자신은 해군에 입대하여 제독에까지 승진한다. 그곳에 있는 농장 근처에 몇 세대를 같이 일하며 살아온 매케인 성을 가진 흑인 가족이 살고 있다고 한다. 그들은 백인의 피를 받았다고 주장하는데 백인 매케인들은 지금까지 부인하다가 얼마 전 흑인 매케인 장례식 때 백인 매케인 가족 수장이 가족석에 앉았다고 한다. 이제는 인정하는가 보다.

누가 이야기했듯이 얼마 후에는 미국인이라는 새로운 인종이 생긴다고 한다. 단일 민족이라고 교육받은 우리한테는 참 혼란스러운 이야기지만 우리도 알게 모르게 이를 받아들인다. 매케인 조상도 그렇고 오바마도 그렇고 우리는 흑인과 백인 사이에서 자리를 잡고 살며 우리의 입지를 굳힌다.

흑인 대학

지난주 미국 남부를 대표하는 애틀란타를 다녀올 기회가 있었다. 짧은 여정이어서 가지는 못했지만 꼭 찾고 싶은 곳이 몇 군데 있었다. 흑인 사회에서 명문 학교로 알려진 애틀란타의 모어하우스 대학과 알라바마주에 있는 터스키기 대학이었다.

이번 여행 중 비행기에서 읽던 ≪Freedom Flyers≫가 터스키기를 배경으로 하여 더 가보고 싶었다. 제2차세계대전 당시 유럽에서는 독일군과 싸웠고 국내에서는 인종 차별과 일전을 벌이던 흑인 조종사들의 관한 책이다. 이들 흑인대학이 인권운동에 효시를 보이고 남부의 '짐 크로' 흑인차별 주의를 이겨낸 산 역사를 갖고 있는 곳이다. 전국적으로 여러 군데 흑인 대학이 있지만 남부에 있는 대학들은 남북전쟁 이후에 해방된 노예들을 교육시켜 주류 사회에 일원으로 참여시키는 데 크게 일익을 담당했다.

노예 출신 부커 티 워싱턴 학장은 터스키기 대학을 인수하며 재정난에 시달렸다. 양심 있는 백인사업가들로부터 도움을 얻어 학교 시설과 학문의 질을 향상시켰다. 백인 노예주로부터 해방은 되었어도 산업화된 19세기 사회에 적응을 못한 노예들은 방황하고 있었다. 어떤 흑인들은 옛 노예주의 소작농으로 전락 하며 전보다도 더 비참한 생활을 하였다.

이들을 사회의 일원으로 만들기 위하여 워싱턴 박사는 학교의 방침을 교원 양성과 농업 기술교육에 두었다. 꾸준히 발전하던 이 학교는 제2차세계대전 중에 비행학교를 세우고자 했을 때 흑인들은 조종하기에 지능이 낮다고 하는 백인들의 반대에 부딪치게 된다. 그들의 유일한 전국 민권단체인 NAACP가 행정부와 루스벨트 대통령 부부를 움직이는 데 성공했다. 남부 출신 군 장성들의 조직적인 반대도 있었지만 전국적으로 모집한 흑인들을 조종 훈련시켜 전쟁 중에 많은 공을 세웠다.

애틀란타에서 1867년 침례교 신학교로 시작한 모어하우스 대학은 설립당시부터 취지가 터스키기와는 달랐다. 목회자겸 흑인 교회 지도자들에게 농업기술보다는 기초 학문을 교육시켰다. 오랜 역사를 가진 이 학교는 미국 민권 운동에 기치를 올린 여러 지도자들을 배출했다. "나는 꿈이 있다."를 워싱턴 광장에서 외친 마틴 루터 킹 목사, 영화계의 거목 스파이크리, 뱅크 오브 아메리카의 이사장 월터 메이시 등이 모어하우스 졸업생이고 애틀란타시의 최초 흑인시장 메이나드 잭슨도 이 학교 출신이다. 이들은 남북전쟁 이후에 해방된 흑인들을 교육시켜 그들을 경제적으로 옭아매려는 사회제도에 대치하게 했다. 지금도 뚜렷한 정체성을 갖는 외부의 젊은 흑인들은 유수한 백인 대학을 마다하고 그들의 정신적인 메카인 이곳을 찾는다. 내가 알고 있는 친구 몇 명도 자녀들을 이 대학을 선택하여 보냈다.

남부를 여행할 때마다 어두운 역사가 떠오른다. 이제 세월이 많이 바뀌어 차별을 피해 외지에 이주했던 흑인들이 남부 고향으로 돌아온다. 이들에게 정신적인 지주가 되어 준 곳이 흑인 대학들이다. 이 대학들은 아직도 건재하며 미국의 새로운 지도자를 키운다.

이제는 흑인뿐만 아니라 아시아계와 백인들도 입학한다고 하는데 모어하우스 대학의 2008년도 최우수 졸업생은 백인학생이었다. 흑인들이 목숨 건 민권 운동으로 아시아인을 비롯한 다른 비백인들이 어부지리로 그들보다 더 많은 혜택을 받아 따가운 눈총을 받곤 하였다. 더구나 그런 역사를 잘 알지 못하는 어떤 우리 동포들은 그들 때문에 받는 소수민족 혜택을 보며 흑인 차별하다가 봉변도 당하는 아이러니도 있다.

우리도 자녀들을 아이비리그 대학보다는 흑인 대학도 생각해 볼만하다. 마음의 문을 열어 매년 벌어지고 있는 'United Negro College Fund'에 헌금을 내는 아량도 가졌으면 좋겠다. 남북 전쟁이 끝난 지 145년 되는 금년에 남부를 다녀오며 미국역사와 우리의 오늘을 조명하게 한다.

흑인 역사의 달 1

제44대 미합중국 대통령 버락 오바마는 '2월은 미국흑인 역사의 달'이라고 지난 2월 2일에 선포했다. 3년 전에 조지 부시 대통령도 한 적은 있지만 금년은 더 의미가 있다. 지금 대통령이 흑인이고 금년의 테마를 '흑인시민 목적 추구의 해'로 정했기 때문이다.

전 대통령의 것과는 다르게 미국에 공헌한 여러 사람들을 일일이 거명했다. 인권 운동가인 프레드릭 더글러스, 남북전쟁 당시 남부흑인노예들을 북쪽으로 탈출케 한 해리엘 터부만, 교육가인 부커 티 워싱턴, 과학자인 조지 워싱턴 카버, 마틴 루터 킹 목사 그리고 연방 대법관 더그우드 마샬 등을 거론했다.

지난 200여 년간 흑인들의 정신적 지주가 되고 주류 사회에 크게 이바지한 사람들이다. 금년이 백인사회 특히 남부 흑인들에 대한 사형을 중지해달라고 호소하는 슬픈 역사로 출발한 흑인 민권운동 단체 NAACP도 2월 12일에 창립 100주년 맞는 해이기에 더 의의가 있을 것이다.

얼마 전 로버트 노렐 박사가 저술한 ≪Up From History≫라는 교육자 부커 티 워싱턴의 두 번째 자서전을 소개받았다. 이 책은 그의 자존심과 융통성이라는 부제가 붙은 자서전이다. 북군의 승리로 끝난 남북전쟁 이후 남부 앨라버마주에서 맨주먹으로 터스키기 학원을 세워가는 과정을 그린 그의 이야기고 역사책이다.

백인 독지가들을 찾아가서 학교의 기부금을 받아 막 해방된 노예들을 교육시키기 시작했다. 그도 노예출신이고 이름도 모르는 아버지는 백인 농장주이었다고 한다. 어려서 어머니와 자신을 버린 아버지를 원망하는 이야기는 없고 자신에 주어진 운명을 받아들인다. 여기에 기독교가 그의 생활과 생각에 큰 영향을 차지했다고 한다. 그는 19세기 백인들을 증오감으로 대하지 않고 자기 동족을 위하여 절충하고 용서하는 길을 택했다. 이를 Accommodation라는 말로 표현했다. 그의 이런 태도가 달갑지 않은 'WEB 드보이스' 같은 급진 세력들은 그를 백인사회에 빌붙어 사는 '엉클 톰'이라고 백안시하기도 했다.

1960년대 당시 월남전과 함께 흑인인권 운동이 벌어질 때 좌파 세력들은 그의 이름을 거론도 못하게 했다. 내가 대학을 다니던 당시 이들의 대표되는 사람들은 말콤 X, 우리가 살고 있는 오클랜드에서 발족을 본 블랙 팬터의 지도자 휴이 뉴턴, 엘드리지 클리버 등이며 지금 오클랜드 시장인 론 델럼스도 빼 놓을 수 없는 인물이다. 반체제의 상징인 아프로 머리를 한 그들의 모습이 지금도 눈에 보이는 듯하다.

급진 세력들은 그 와중에 일부는 범죄를 저지르기도 하였다. 쿠바와 아프리카 여러 나라 등을 전전하다가 귀국하여 형을 치른 후 지금 노년을 미국에서 지내고 있다.

인도의 간디가 비폭력을 주장하며 영국과 대처할 때 그의 근본 사상을 미국 흑인지도자들에게서 영향을 받았다고 한다. 많은 미국 흑인들은 급진사상과 그에 따르는 폭력에 의존하지 않고 백인 사회에 융화되어 그들의 입지를 굳혀나가 점진적인 발전 기틀을 마련하였던 것이다. 이런 생각의 바탕은 어렵게 시작한 흑인 교육기관의 몫이 크다. 버지니아의 햄턴 대학이 그렇고 알라바마의 터스키기 대학과 그리고 조지아의 모어하우스 대학 등이 흑인 지도자를 배출하는 데 크게 이바지했다. 흑인들이 미국사회에 기대와 믿음을 잃고 방황할 때 부커 티 워싱턴 같은 이는 목자가 되어서 이들을 이끌었다고 한다. 나의 개인적인 이야기인데 1950년도 말 미국유학을 준비하며 건축을 공부하겠다고 햄턴 대학에 지망하기도 했다.

동부나 서부흑인 지식층들이 자녀들을 이들 대학에 보내 그들의 정체성을 유지하려 한다. 해방된 노예를 교육시키기 위한 학교들이 이제 명문대학으로 사회에 이바지하고 있다. 증오감을 멀리하고 융화와 절충을 통하여 백악관에 버락 오바마도 입성했다고 한다.

이렇게 같은 뜻을 나눈 이 두 사람을 비교한 어떤 학자의 이야기가 이 달을 맞아서 떠오른다. 2009년 2월 흑인 역사의 달을 맞아 생각나는 일이 많다. 우리 동포가 미국에 살며 백인 위주의 생활 속에서 흑인들이 걸어온 길이나 인종 차별을 외면한 적이 없었는지 돌이켜 보아야겠다. 그리고 백인 편에 서서 흑인형제들에게 돌을 던지지 않았는지? 이제 백인위주의 사회에 살고 있는 우리는 흑인 문화도 접하며 그들이 자라온 환경 등을 이해하고 같은 생활권에서 사는 방법도 강구해야겠다. 이런 과정을 통해서 우리의 이민생활이 더 윤택해질 것이다. 이제 우리도 미국 주류사회 주변에서 서성대지 말고 우리의 역사를 만들어 나가야겠다.

흑인 역사의 달 2

매년 2월은 전 세계 특히 미 대륙과 유럽에 흩어져 있는 흑인 디아스포라의 의미와 역사를 생각하게 하는 달이다. 이 행사는 흑인 단체만이 아니고 백인 사회에서 적극 참여하며 그들의 고난과 사회에 대한 공헌에 참여한다. 그냥 행사를 위한 행사가 아니고 교회와 초등학교로부터 대학교까지 이달에 흑인 역사를 가르친다. 역사를 모르는 사람들이 역사의 오류를 방관하고 그 테두리에서 벗어나지 못하는 잘못을 우리는 알고 있다. 백인식민주의자들이 자행한 흑인 역사 말살정책이 그들의 자긍심을 잃게 했고 사회의 하류층을 벗어나지 못하게 했다. 올바른 역사교육의 중요성을 다시 생각하게 한다. 백인 식민주의자들에 의한 역사관이 우리로 하여금 흑인들이 이루어낸 아프리카문화 자체를 의심하게 만들었다. 학자들이 이야기한 것처럼 역사는 승리자의 몫이라고 한다.

얼마 전 학교 강의 중 근래에 내가 읽고 있는 저자 개빈 맨지스의 ≪1421≫이란 책을 소개했다. 의심 되는 점도 있었지만 15세기에 아프리카와 중국 명나라의 무역거래 이야기를 하니 흑인학생들의 관심이 대단했다. '아~ 저런 일도 있었구나!' 하는 반응이었다.

여러 해 전 방송에서 인기를 끌었던 알렉스 헤일리의 〈루트〉를 예로 들 수 있다. 아프리카에서 노예사냥꾼에 의하여 남부에 팔려온 쿤타 킨테라는 젊은이가 노예주에 의하여 지어진 토비라는 이름으로 강요된 환경에서 그와 그의 후예가 이루어가는 가족 이야기로 우리가 잘 알지 못했던 다른 모양의 미국역사이기도 했다. 역사를 바로잡기 위하여 1976년에 미국과 캐나다에서 2월, 영국에서는 10월로 흑인 역사의 달로 정하고 있다.

우리 주위를 살펴보면 우리에게 잘 알려지지 않은 한 흑인 지도자를 소개하려고 한다. 어떤 이유로 북가주의 유명했던 흑인인사의 이야기가 잘 알려지지 않았는지 모르겠다. 샌프란시스코 다운타운 샌솜 가 근처에 '라이델스도프' 라는 이름의 작은 거리가 있다. 엘바 부에나라는 멕시코 어촌이 샌프란시스코로 바뀔 때 활약했던 독일 이민자쯤으로 생각하기 쉽다. 실은 백인 아버지와 흑인 어머니 사이에서 태어난 흑인 혼혈아였다.

그는 뉴 올린스에서 1810년에 태어났다. 백인 아버지에 의하여 정규교육을 받고 캘리포니아가 아직 멕시코 영토이었던 1841년에 이곳에 정착했다. 당시 30여 가족이 살던 샌프란시스코에서 멕시코로 귀화하며 아메리칸 리버 근처에 35,000 에이커 땅을 멕시코 정부로부터 받았다. 그는 새크라멘토와 샌프란시스코를 잇는 정기 항로를 개설하고 운송업과 함께 사교중심지이었던 샌프란시스코에 처음 호텔을 열었다.

그는 미국 정부의 외교관도 역임했다. 멕시코 영토였던 1845년에 외교관으로 미국국익을 대표하며 당시 백인 정치가나 기업가들과 어깨를 겨줬다고 한다. 그의 정치수완이 인정되어 당시 미국 총영사 라킨에 의하여 부총영사가 되었고 얼마 후 캘리포니아가 미국영토로 편입될 때 미국독립선언문을 낭독하기도 했던 전형적인 미국인이었다.

그는 샌프란시스코 시의 초대 교육위원과 위원장도 겸하였고 시 재정관도 역임했다. 그는 당시 공립학교 건립의 중추 역할을 했으며 새 도시 건설에 초석을 놓았다. 백인들이 어떻게 그를 받아들였는지 참 놀랍기도 했다. 후에 그의 땅에서 금이 발견되어 1850년대 백만장자가 되었지만 40세가 되기 전에 요절했다.

전설적인 인물인 그의 관한 이야기는 그리 잘 알려지지도 않았으며 더구나 흑인이었다는 사실은 아는 사람은 그리 많지 않았다. 교육을 받은 흑인도 잘 알지 못하는 그의 관한 이야기를 내가 하니 그들은 내가 농담을 하는 줄 알았다고 한다.

젊은 흑인들은 백인들에 의한 흑인역사 말살의 예라고 흥분하였다. 여러 유형의 흑인들이 미국역사에 기여하였다. 이런 지도자가 있어서 오늘날 흑인대통령이 배출됐는지 모르겠다. 이런 역사를 흑인에만 국한시킬 게 아니고 우리의 역사로 받아들이는 마음이 자리 잡을 때 우리를 주류사회에 참여케 하는 계기가 될 수 있으며, 우리의 미래를 계획할 수 있게 될 것이다. 2011년 흑인의 달을 맞으며 샌프란시스코의 선구자 라이돌스도프를 다시 생각하게 한다.

이사도라 던컨

대학을 졸업하고 샌프란시스코 제약회사에 일을 하다가 CPA인턴 과정을 오클랜드에서 마치게 되며 이 도시와 인연을 맺게 된다. 1972년에 와서 그동안 잠시 떠난 것 빼고 나면 35여 년 동안 일하며 생활한 셈이다.

지금도 그렇지만 당시도 오클랜드는 평판이 좋지 않았고 특히 우리 동포들한테는 인기가 없는 도시다. 하지만 이곳은 한때 태평양 연안의 아테네라고까지 불리는 이름에 걸맞게 여러 예술가들을 배출하고 그들이 남기고 간 발자취가 지금도 곳곳에 남아있다.

몇 번에 걸쳐 오클랜드를 빛낸 사람들을 소개하려고 한다.

20세기 초에 전통 발레에 반기를 들고 무용의 새 장르를 개척한 오클랜드 출신 이사도라 던컨의 이야기다. 나에게는 1950년대에 임성남 무용가를 통하여 이름만 알게 된 예술가였다.

'도라'라고 부르기도 한 이사도라는 1887년 5월 26일에 은행가였던 아버지와 상류사회에서 잘 알려진 어머니 사이에서 태어났다. 샌프란시스코에서 부유한 유년기를 보내다가 아버지의 은행이 파산되며 세

살 때에 오클랜드로 이주하기에 이르렀다. 퍽 생활이 어려웠다고 한다. 그와 그의 언니가 음악교습을 하여 생활을 했다.

이사도라는 규제에 얽매인 생활이 싫어 학교도 중퇴는 했으나 음악과 무용에 대한 열정은 대단하여 계속하여 공부를 했다.

18세에 뉴욕 무용단에 입단하게 되며 무용의 대가로 태어나는 계기가 되었다.

프랑스에 도착하며 현대무용을 시도하게 된다. 전통적인 규율에 얽매이고 창의성이 없는 클래식 발레에 환멸을 느끼고 반기를 들었다. 대단한 모험이었을 것이다.

여러 가지 문화적인 큰 변화를 겪은 지금은 어떨지 몰라도 100여년 전에 이런 일을 시도했다는 게 대단한 용기다. 그는 무대에서 헐렁한 옷에 긴 스카프를 두르고 맨발로 춤을 추었다. 이를 평론가들은 원시적인 인상파 무용이라고 부르기도 했다.

이런 그녀의 무용이 유럽 무용계에 적지 않은 파장을 일으켰다. 전통적인 스텝에서 벗어나 자유스러운 그의 퍼포먼스는 인간의 감성과 몸매의 자유로움을 한껏 강조한 공연이었다고 한다. 당시 유럽에서 그를 따르는 사람들이 많아지고 학교도 세 군데나 설립하였다. 많은 예술가들이 그의 영향을 받고 새 장르를 열어나가기에 이르렀다.

그의 제자들은 모두 그의 성으로 개명하리 만큼 던컨은 곧 현대무용의 대명사였다. 러시아 공산혁명을 동조한 이사도라는 1922년에 모스크바로 이주하여 사회주의 예술을 개척하려했으나 그녀의 예술을 돕기로 한 소련 정부 당국의 약속불이행으로 유럽으로 다시 돌아오기에 이른다. 그는 소련 국적을 갖고 프랑스에서 그녀가 세운 현대 무용학교를 운영하며 제자들을 육성하였다.

이사도라의 개인적인 삶은 그리 원만치 않았다.

아버지가 각 다른 두 사생아를 길렀다. 아이들의 아버지는 20세기 초 프랑스에서 잘 알려진 예술가들이었다. 한동안은 18세 연하의 남편을 두기도 했다. 아이 하나는 세느 강에서 익사하고 다른 아이도 비명횡사했다. 바이섹슈얼인 그녀는 당대에 유명한 여류시인과 여류소설가와 염문을 뿌리기도 하는 등 무질서했고 알코올에 중독된 생활을 했다.

40세가 넘으며 그녀는 경제적으로 어려움을 겪으면서 친지들한테 손을 벌리기도 하고 거처도 여러 군데 옮겼다. 출판사에서는 궁핍한 그녀에게 자서전 출판 제의도 하지만 받아들이지는 않았다.

그가 나이 50세 되던 1927년 7월에 젊은 이태리 보이프랜드와 오픈카로 드라이브를 하기로 했다. 아마 〈그레이트 개츠비〉에서나 나오는 그런 장면이었을 것이다. 러시아 화가가 직접 그린 그녀 특유의 긴 스카프를 목에 두르고 차에 올랐다. 차가 떠나며 바람에 스카프 한 자락이 바퀴에 감기며 손을 쓸 사이도 없이 질식사했다.

무용가로 대성하며 그의 분신과도 같은 스카프가 그의 생을 마치게 하는 비극을 보게 된다.

당시에 50밖에 되지 않은 현대무용을 개척한 예술가였다.

오클랜드 역사를 더듬다 발견된 이야기다. 내가 오래 살아온 오클랜드 출신이어서 더 정겹게 여겨지고 언제 기회 있을 때 이 예술가에 대하여 더 알고 싶다. 이런 사람이 오클랜드를 거쳐 갔다.

자동차 산업 역전

한동안 미국 자동차 산업이 곤두박질할 때 쓴 내 칼럼이 생각난다. 당시 미국 자동차 업계의 변화를 예측은 못했지만 파산은 없으리라고 했다. 그 이후 미국 자동차의 자존심인 GM이 결국은 파산을 하고 크라이슬러 소유권은 벤츠에서 이태리 피아트로 넘어갔다. 재무구조가 좋고 창업주 가족이 대주주인 포드는 연방 지원금도 거절하고 일본회사와 경쟁을 하며 견뎠다.

그동안 미국자동차 업계가 겪은 어려움은 엄청났고 자동차 노조의 생존도 풍전등화 같았다. 미국노동조합의 대표 격인 UAW의 어려움은 비노동조합원을 싼값에 고용한 일본회사 때문에 많은 노조원을 잃게 됐다.

자동차 산업의 사양으로 디트로이트시는 도시 전체가 인구 감소는 물론 지역 경제 구조가 흔들릴 만큼 영향이 컸다. 많은 우려 중에 자동차 산업의 몰락이 가져오는 국가 비상시 군장비 생산의 문제점이다. 제2차세계대전 때 자동차 공장에서 생산한 지상군 차량, 전투기 그리고 해군 함정이 연합군을 승전으로 이끌게 한 것을 생각하면 자동차 산업 사태가 가져오는 국가 경제와 방위산업에 미치는 심각성은 그냥 넘길 수 있는 일이 아니었다.

미국자동차 업계가 방심할 때 도요타, 혼다 그리고 닛산 등은 선두를 차지했다. 이들은 제2차세계대전 때 군용차량과 비행기 등 군수 물자를 생산하며 미국과 전쟁을 한 회사들이다.

패전 이후에는 공산군으로부터 한반도를 방어하는 미국의 요청으로 한국군을 위한 차량을 대량 생산했다. 2차세계대전 때 미국이 우방 국가들에게 제공한 Land-Lease 장비는 일본식민지 한국에게는 해당되지 않아 자동차 생산은 거리가 가까운 일본에 의존할 수밖에 없었고 그들의 자동차 산업을 육성시키는 발판이 됐다.

미국의 방심은 작은 자동차 생산을 등한시하고 사람들이 선호하는 큰 차 생산에 중점을 두다가 낭패를 당했다. 결정적인 동기는 1970년 휘발유 대란 때 소비자들의 마음을 헤아리지 못한 경영의 오만이었다. 미국 자동차 업계의 꾸준한 새 품종 개발에도 불구하고 그동안 있었던 방만한 시설의 비합리적 운영과 노동조합 주도의 엄청난 은퇴연금 부담금(legacy fund)에서 헤어나지 못했다.

그동안 일본 회사들은 노조 입김이 덜한 남부 여러 주에 생산 공장을 건설하고 미국사람들의 수요를 충족했다. 일본 회사의 성공을 지켜보고 미 본토에 진출한 한국 회사의 경쟁력도 만만치 않았다. 그들도 실업률이 높은 앨라배마 주 정부로부터 지원금도 받지만 인건비와 저렴한 복지비용 그리고 기술향상이 미국차와 경쟁하여 성공한 예가 되고 있다.

자동차 산업에 새 질서를 창조했던 일본자동차 업계에 한파가 불었다.

지난 3월의 지진과 함께 온 쓰나미로 자동차 업계의 타격이 적지 않다. 일본을 대표하는 자동차 회사의 손실액이 엄청났다.

자동차업계를 평가하는 탐슨 로이터회사에 의하면 2/4 분기의 도요타 손실은 37억 불로 예측되고 혼다와 닛산도 각 10억 불씩 될 것이라 한다. 그리고 자재 부족으로 일본과 미국에 위치한 자동차 공장이 부분적으로 문을 닫는다고 한다. 미국 자동차 업계에 이상한 바람이 불었다. 1970년 1980년대에 휘발유 값이 오르면서 미국자동차가 팔리지 않아 손실이 컸는데 이제 갤런당 4불이 되어도 자동차 업계에 주는 영향이 적다.

GM 과 크라이슬러가 소생하며 흑자 운영을 한다. 그들은 일본자동차와 경쟁하며 값을 올려도 소비자들의 거부 반응이 없다. 예전에는 생각도 못했는데 이제 떠났던 소비자들이 돌아온다. 포드는 지난 분기에 26억 불 흑자와 GM은 47억 불 그리고 크리이슬러도 1억 불 이상 순수익을 보게 되었다.

그들의 성공은 휘발유가 적게 드는 소형차와 하이브리드를 꾸준히 개발한 결과다. 시계추는 다시 디트로이트로 움직인다고 즐거운 비명이다. 그리고 옛 영광을 찾는 꿈에 부푼다. 전형적인 미국의 3개 자동차 회사 이외에도 반갑게도 한국 자동차의 괄목한 발전과 함께 독일의 폭스바겐의 미국 내 판매도 급상승하고 있다.

미국자동차회사의 체재 정비와 일본 자동차회사의 재난이 미국자동차 업계 역전에 기폭제 역할을 하게 되며 자동차 서민화를 시작한 나라답게 미국 자동차 산업의 앞날이 밝다고 한다.

비즈니스 운영

사업을 하면서 적절한 기록을 하지 않아 애를 먹는 경우를 자주 본다. 더구나 소규모 운영이 우리가 생각하는 것처럼 그리 쉬운 일은 아니다. 얼마 전 오클랜드의 Alta Alliance은행에서 개최한 스몰 비즈니스 세미나에 연사로 참여했다. 성공적 사업운영이 나에게 주어진 토픽이었다. 우리 동포 비즈니스만 아닌 여러 소규모 업체가 갖고 있는 공통점을 집중 인용하며 새로운 각도에서 비즈니스를 바라볼 기회로 삼었다.

통계에 의하면 비지니스하는 사람들의 95%가 자기사업의 재무제표를 알지 못한다고 한다. 업무에 가장 중요하게 현 위치를 알려주는 회계시스템이 제대로 되어 잇지 않아 문제점을 제때에 처리 못하고 낭패를 보는 경우가 많다. 고객관리와 판매도 중요하지만 상행위의 확실한 기록만큼 중요한 것이 없다. 그래서 역사적으로 이에 대한 연구가 끊임없고 기록의 매체인 주판의 발명과 함께 이태리 수도승 Luca Paccioli의 대변과 차변의 개념이 17세기에 우리에게 소개되었다. 지금까지 사용하는 복식 부기의 원조가 된다는 이야기도 첨가했다.

복식부기에 의하여 작성된 재무제표는 은행을 위시하여 각처에서 필요로 한다. 구매 거래처에서 하는 신용평가의 척도가 된다. 그리고 인컴택스를 위함은 구태여 거론할 필요가 없다. 기록을 제대로 다하면 세금은 어떻게 감당하느냐는 이야기도 나온다. 제대로 기록이 되어야 합법적으로 감세하는 방안을 강구할 수 있다고 했다. 정확한 기록은 사업주의 현 위치를 가장 정확하게 알려주고 사업상의 과거와 미래를 알려주는 방향계이다. 이런 말이 있다. If you can't measure it, you can't control it. 즉 제대로 수치화가 되지 않으면 컨트롤을 할 수 없다는 이야기다. 정확한 재무제표를 갖기 위해서는 정확한 기록을 해야 된다.

회계용어가 복잡하다고 기록은 쳐다보려 하지 않는 사람들이 많다. 예전에는 일일이 손으로 기장하고 합산을 하는 번거로움이 있었다. 20여 년 전에 퀵북(QuickBooks)이 소개된 이후 기록을 정리하고 재무제표를 작성하는 일이 쉽고 복식 부기를 알지 않아도 손쉽게 필요한 보고서를 볼 수 있다. 그래도 최소한 분기별로 CPA한테 퀵북 파일을 검사하게 하고 조언을 받아야 한다고 권고했다. 이제는 회계사한테 파일을 보내지 않아도 그들이 실시간으로 고객의 기록을 인터넷에서 볼 수 있다. 그렇다고 퀵북이 회계사를 대치할 수 없는 점을 누누이 강조했다.

퀵북 손익 계산서에 항목별 %를 산업별 통계와 비교한다. 한 예로 요식업은 원가가 매상에 30%를 넘지 말고 인건비도 30%를 초과하지 말아야 한다. 고용인 보험료 등을 합쳐 65% 이상 되면 타산이 맞지 않는다. 업주는 나머지 35%에서 다른 경비를 제하고 순수입이 20%는 되어야하는데 업주가 직접 일을 하면 35% 이윤이 있어야 된다. 원가가 30% 넘으면 거래처와 값을 흥정하고 값의 변동이 없는데 원가가 상승한다면 문제가 있다. 재료가 없어지거나 누군가는 금전 등록기에서 손을 댄다고 했다. 퀵북을 알지 못하면 배워야 한다. 아무리 모든 것을 회계사에게 의뢰한다 하여도 사업주가 할 일이 따로 있는 법이다. 그리고 매달 Bank Reconciliation은 꼭 하여 정확한 현금잔고와 유동자산의 흐름을 분석한다. 이렇게 하며 사업을 키운다.

모든 통제는 수치화하는 데서 비롯된다. 모든 비즈니스의 첫걸음은 정확한 기록에서 시작한다. 기록을 하기에 너무 늦었다고 생각할 때가 시작하는 제일 적당한 때라고 한다. 지금부터 퀵북을 배워 정확한 기록을 갖도록 하며 경제 사정이 어렵더라도 비즈니스를 키우는 도구로 발돋움해야겠다.

첸쉐썬[錢學森] 박사 서거

지난 10월 31일에 당대 우주공학자 첸쉐썬 박사가 베이징에서 98세를 일기로 서거했다고 전 세계 언론이 보도했다. 우리한테는 전문가이외에는 잘 알려지지 않은 사람이다.

중국 항조 출신인 그는 1930년대 의혈단 사건 보상 국비장학생으로 MIT를 거쳐 칼텍에서 29세에 공학박사를 받았다. 그는 미국에서 추방당하는 1955년까지 물리학자로 칼텍에서 연구하며 후진을 가르치고 있었다.

1949년에 제트 추진 연구교수가 되며 미국에서 유명한 로켓 과학자로 부상한다. 그 이전에도 1943년 독일의 V-2 로켓에 상응하는 미국 미사일을 완성하는 등 그의 업적은 가히 독보적이었다. 제2차세계대전이 끝나며 그는 미사일 분야의 최고 권위자인 그의 칼텍 스승 본 칼만과 함께 공군 미사일 개발에 참여하게 된다. 군이 필요로 하는 사람들은 현지 임관하는 제도가 그를 일약 공군대령으로 특채하며 로켓 연구에 몰두하게 된다.

홍미 있는 사실은 독일 나치 정권하에서 V-2 로켓을 개발한 본 브라운 박사가 패전 후 미국에 압송되어 올 때 그를 처음 심문(Debriefing)한 사람이 첸 박사였다고 한다. 후에 본 브라운은 미국우주 항공분야에 수장이 되고 이를 나치 협력자로 취조한 첸 박사는 중국 항공우주분야에 최고자가 되었다. 참 기구한 만남이었다.

당시 첸 대령은 대륙 간 우주계획을 하고 있었고 이것이 기초가 되어 미국우주선 제작이 가능하게 되었다고 한다. 36세에 젊은 나이에 타의 추종을 불허하는 에로다이나믹스와 제트 추진 분야의 권위자가 되었다. 이렇게 잘 나가던 첸 박사의 미국 시민권 신청서가 1949년에 기각되었다. 이유는 그가 공산주의자라는 FBI 발표 때문이었는데 지금까지도 입증되지 않았다고 한다. 당시에 미국 전역에 불던 매카티시즘의 희생양이 되었던 것이다.

제2차세계대전 이후에 있은 공산주의자나 민족주의자에 대한 마녀식 사냥에 그가 걸린 결과가 된 것이다.

그는 결국 정부의 비밀인가가 취소되고 가택연금과 함께 5년 동안 출국금지가 된다. 그의 모교대학 총장이 워싱턴에 탄원서도 내고 변호사에 의뢰하여 그를 구출하려 했지만 성공하지 못했다. 당시 해군성 차관 댄 캠블은 첸 박사 추방은 미국정부가 저지른 가장 우매한 처사였고 결과적으로 그를 공산주의자로 만들었다고 공식석상에서 발표한 다음 그의 변호사도 같은 뜻을 피력했다.

급기야는 한국전쟁 때 중국에 포로가 된 미 공군 조종사 11명과 교환하게 되어 온 가족과 함께 중국으로 귀환하게 된다. 그의 두 아들은 미국시민이었다.

중국에 도착하여 정부의 적극적인 협조로 미국 등 해외에서 공부한 학자들을 규합하여 로켓 연구를 진두지휘했다. 당시 주은래에 의하여 천거가 된 첸 박사를 모택동은 육군 몇 개 군단과도 바꿀 수 없는 천재이고 중국의 자랑이라고 했다. 여러 해 후에 중국에 새 질서를 세우려는 문화혁명이 학자들을 핍박할 때도 그를 적극 보호하리만큼 그의 존재는 대단했다.

그의 중국 항공우주 산업에 기여는 엄청나고 결국은 미국과 러시아 다음으로 유인 인공위성을 우주에 발사하여 궤도비행에 성공하였다. 그리고 달에 과학 탐사선을 착륙하게 하였다.

19세기에 서방 열강과 일본이 중국을 거의 식민화하고 굴욕시킨 불행한 역사 속에서 그를 통하여 자존심이 회복된다. 그의 미국에 대한 좋지 못한 기억이 그를 칼텍이 수여하는 우수한 동문상을 거부케 하여 학교 당국은 그가 90세 생일에 중국에 찾아와 수여하기도 했다. 만약 그가 중국으로 추방되지 않았으면 단연코 그가 미국 항공 우주분야의 최고 권위자가 되었을 것이라고 이야기를 한다. 가난한 중국 청년을 장학금으로 공부시켜 미국에 기여하게 하고 귀환하여 그의 조국에 이바지하게 한다.

첸 박사 추방은 좋지 않은 예지만 이념의 차이를 넘는 마음이 미국의 힘이고 계속하여 두 번째 세 번째 첸쉐썬 박사를 미국은 배출할 것이고 팍스 아메리카 질서를 유지할 것이다.

거의 100세를 살고 간 이분의 명복을 빈다.

08 책 읽는 대통령

마크 트웨인 / 인종 차별 역사 / 책 런던
문 닫는 서점 / 시인 와킨 밀러
책 읽는 대통령 / 캘리포니아, 미국의 장래
청원 경찰 / 역사와 교회

마크 트웨인

어려서 ≪톰 소여의 모험≫이나 ≪허클 베리핀≫ 등 마크 트웨인의 책을 읽으며 엉뚱한 짓을 하는 개구쟁이들의 자유를 부러워했고 모험이 가져다 주는 미지의 세계를 동경하곤 했다. 1870년대에 집필한 작품은 그의 어린 시절 이야기였고 그의 책이 아동문학의 효시라고도 한다. 당시만 해도 미국문학은 영국이나 유럽영향에서 크게 벗어나질 못하였을 때 미국인의 진솔함을 그려 더 환영을 받았다고 한다. 그래서인지 당대 한 문학 평론가는 그를 일컬어 미국 문학의 링컨이라고 했다. 문학의 자유를 얻었다는 것과 그가 인간적으로 링컨 대통령에 버금간다는 뜻도 되겠다.

그는 신문기자로 북가주에 왔을 때 유명한 이야기를 남겼다. "가장 추운 겨울을 보낸 곳은 샌프란시스코의 여름이었다."라고 하는 우리가 즐겨 인용하는 구절이다. 자유분방했던 그는 주변에 구애받지 않은 생활을 했다. 그의 자서전은 그가 작고한 100년 이전에는 출판 못한다고 못을 박았다. 생전에 출판된다면 주위를 의식해서 함부로 말을 할 수가 없다고 했다. 미국의 필리핀 점령을 비난하고 기독교에 대하여 그가 한 말은 500년 지나서나 발표하라고 했다. 우여 곡절 끝에 그의 자서전이 백 년 되는 금년 12월 초에 세상의 빛을 보게 된다. 그의 자서전 3권 중에 첫 번째 책이 나온다. 출판이 알려지며 지난주 ≪뉴욕 타임스≫ 베스트셀러 두 번째로 발표되었다. 아직 책이 시중에 나오기 전이다.

버클리 대학의 학자 6명이 거의 40여 년 동안 연구 끝에 출판된 그의 자서전이다. 그동안 연구를 진두지휘한 로버트 허스트 교수는 마크 트웨인을 이야기하며 시대에 비하여 앞을 내다보는 혜안을 가졌고 명석한 두뇌의 소유자였다고 한다. 작가도 그러하겠지만 그 오랜 세월에 전심전력으로 연구한 필진도 대단하다. 그들은 저자의 뜻을 존중하여 100년이 되기를 기다리며 준비한 학자들이다.

첫 번째 책의 분량이 760페이지라고 한다. 그는 서부의 광활한 땅과 미시시피 강이 미국인에게 끼친 영향과 해방된 흑인 노예를 그의 작품 여러 곳에 등장시켰다. 서부 개척을 하며 어려움을 이기고 새로운 사회를 구축하는 모습을 그린 새로운 문학 장르라 한다. 그래서인지 헤밍웨이는 그를 현대 미국문학의 아버지라고도 칭한다.

사무엘 클레멘스가 본명인 마크 트웨인은 기자로 성공하지 못했다. 작가로 유명해지며 축적한 재산을 잘못 투자하여 개인적으로 파산하는 등 어려운 생활을 노년에 보냈다. 그런 와중에서도 퍽 넓은 사회 서클을 유지하고 활동적이었다. 그는 율리시스 그랜트나 티어돌 루스벨트 대통령을 친구라고 했다. 자유주의자이었던 그는 토마스 울프나 헌터 톰슨에게 문학적으로 큰 영향을 주었다고 하며 그의 자서전을 평론한 어느 학자는 그를 저널리즘의 아버지라고도 했다.

그의 작품에 등장한 인물들이 후세 사람들이 기술한 전형적인 미국사람의 상이다. 즉 "떠들썩하고 자신 만만한가 하면 무식하지만 똑똑"하다는 이야기다. 그런 미국사람들의 표상이 그의 작품 속에 면면이 흐른다. 이런 사람들이 미국정신을 다음 세대에 전하는 매체인가 하면 그가 한 이야기를 지키기 위하여 40여 년 동안의 세월을 한곳에 매진하는 학자들의 고집도 본다.

작가 마크 트웨인의 삶 속에서 오늘 우리가 배우는 바가 적지 않다. 그의 자서전 북 사인이 돌아오는 12월 2일 저녁 월넛 크리크 도서관에서 있다. 나도 가서 책도 사고 저자의 서명도 받으며 오늘을 사는 미국사람들의 뜻을 생각하려고 한다. 이민 와서 살며 우리도 이들처럼 "떠들썩하고 자신만만한가 하면 무식하지만 똑똑하게" 살 수 있는지 우리 주위를 돌아보는 기회가 되겠다.

인종 차별 역사

미국에 온 1960년대만 하여도 민권법이 의회에서 통과되고 대통령이 서명은 했지만 기업들이 인사 문제에 있어 자진하여 이 법을 따르지는 않았다. 1964년에 만들어진 이 법은 흑인 지도자들이 거의 목숨을 걸고 싸워서 이긴 법이다.

작고한 흑인 최초 대법관 더그우드 마샬 같은 이들, 마틴 루터 킹 목사 같은 이들이 앞장을 섰다. 그리고 유명한 킹 목사의 'I have a dream'이라는 연설이 뒤따른다.

이 법 때문에 연방정부기관에서는 주로 흑인을 많이 채용했다. 후에 어쩌지 못한 기업에서는 흑인보다는 아시아계를 선호하여 연방법이 요구하는 백인 비백인 비율을 맞추어 나갔다.

노조 파업 때 아시아계가 strike breaker 노릇을 한 셈이 되어 흑인들로부터 미움을 사기도 했다. 자기네가 목숨 바쳐 바꾼 것을 근래 이민 온 아시아 사람들이 차지한다고 싫어하며 폭력을 사용할 때도 있었다.

이런 생각을 하는 흑인의 입장도 충분히 이해가 간다. 어떤 한국 사람들을 포함해서 많은 아시아 사람들은 인종 문제에서는 백인 편을 들며 흑인들을 몰아세우는 경우도 종종 목격했다.

오래된 이야기지만 1940, 1950년대에 유명한 소프라노 마리안 앤더슨이 흑인이라고 카네기홀에 서지 못했고 우리에게도 〈투 영〉이라는 노래로 잘 알려진 내트 킹 콜 같은 이는 라스베이거스 공연이 끝나면 흑인이라는 이유 때문에 자기가 공연한 호텔에 투숙할 수도 없어 도시 변두리에 있는 허름한 여인숙 같은 곳에서 밤을 지내기도 했다.

2차대전 때 많은 공을 세운 흑인해병이 탄 버스가 남부의 '매이슨 딕슨 라인'을 지날 때면 앞자리를 백인한테 넘겨주고 이 사람은 흑인이라고 뒷자리로 옮겨갔다고 한다.

내가 잘 알고 있던 노조 지도자가 한 이야기다. 독일군 포로 호송하던 흑인병사들은 차별된 차량에 태우고 포로들은 백인이라고 상급객차에 태웠다는 웃지 못할 이야기도 있었다. 부시 대통령 첫 임기에 국무장관을 지낸 콜린 파월은 그의 자서전 ≪American Dream≫에서 이런 이야기를 했다.

월남전 임무 마치고 다음 부임지 가기 전에 고향인 뉴욕에서 휴가를 보내고 조지아 주 포트 베닝까지 운전하기로 하고 길을 떠났다.

남부에 들어서서는 백인전용 화장실은 월남전에서 돌아온 육군 장교 정복을 한 파월 대위한테 허용되지 않아 숲속에서 용무를 보았다고 한다. 음식점에 들르니 흑인한테는 팔지 못하겠다고 하며 부엌 뒤에서 음식을 줄 테니 갖고 다른 곳에 가서 먹으라 했다. 그리고 음식 값은 다 받겠다고 했다 한다.

그는 먹지도 않고 돌아섰다. 자존심이 강한 그는 부대에 도착할 때까지 식당에는 들르지 않았다.

1940년 말에 UN이 발족하며 랄프 번치 박사가 사무차장에 취임하는 가히 경이적인 일이 벌어졌다. 그는 다름 아닌 미국 흑인이었으며 인종 차별주의자 특히 남부 출신 상하원의원들이 그의 임명을 두고 반발이 셌다고 하는데 유럽 여러 나라들의 도움을 받고 차장이 됐다고 한다. 그의 정치적인 수완으로 화약고 같았던 중동 문제를 잘 해결되게 하고 이스라엘 건국에 큰 공헌을 했다고 한다. 그가 본국에서 인종차별 받는 것을 안타깝게 생각한 수혜자 나라 지도자들한테 동정을 받았다는 기가 막힌 뒷이야기도 있었다.

이렇게 사람대우 받지 못하고 역경을 이긴 사람들이 사회 지도층이 되고 미합중국을 이끈다.

1984년에 샌프란시스코의 모스코니 센터에서 민주당 전당대회가 열렸다. 월터 몬데일과 제랄딘 페라로가 정부통령 후보로 선출되었다.

미국역사상 처음으로 여자가 러닝메이트가 된 사건이다. 전날에 옆 건물에서 아시아계 민주당 지도자 모임이 있었다. 전국 민주당 재정위원 자격으로 참석했던 나는 이제 여자 부통령이 나오려고 하는 이때 금세기가 가기 전에 아시아인을 비롯한 비백인 정부통령이 나와야 된다는 연설에 장내에서 우렁찬 박수를 받았다. 정말 25여 년 전에 우리가 이야기한 일들이 벌어지고 있다.

일리노이 출신 초선 상원의원 버락 오바마 씨가 막강한 클린턴의 정치 머신을 이기고 민주당 대통령 후보가 되고 있다. 역사적인 사건이고 자라나는 우리 아이들을 포함한 여러 유색인종 아이들에게 엄청난 이상을 심어준다. 이제 우리 아시아계 아이들도 자라며 대통령이 된다는 꿈이 영글어간다. 우리 한국 이민은 다른 인종에 비해 역사가 오래

되지는 않았지만 300년 400여 년 동안 백인들 억압 속에 자란 흑인들, 아메리칸 인디언들, 멕시칸 후예들에게는 참 뜻 깊은 사건이다.

이렇게 백인만이 아닌 색깔이 다른 후보를 포용하는 매조리티 사회에 경의를 표한다. 지방색이 강한 곳에서 성인이 되어 이민 온 우리에게는 더 깊은 의미가 있다.

근래 경제적인 어려움을 겪고 있지만 다른 사람들을 배려하고 페어플레이 하는 일들이 계속될 때 미국의 앞날은 더 밝아진다.

이제 미국은 유럽계 후예 백인들만이 주도권을 쥐는 나라가 아니다. 나도 예전 민주당 친구들을 찾아 이번 선거에 버락 오바마 대통령 후보를 위하여 가두선거(프리싱트)를 도와야겠다.

잭 런던

1916년 40세로 요절한 런던은 근래 미국이 낳은 손꼽을 만한 작가 중에 한 사람이었고 작고하기 전 노벨상이 있었으면 문학상 후보 중에 올랐으리만치 유명한 작가였다.

왕성한 집필 활동한 이는 소설 60여 편과 시 43편 그리고 희곡 16편을 남겼고 그중 50여 나라 언어로 번역됐다고 한다. 그리고 40여 편 이상 작품이 영화가 됐다고 한다.

한글로 된 번역판은 이북에서 한 것이었고 사회주의자였던 이 작가의 번역이 이남에서는 번역되질 않았다고 한다. 사회주위자의 작품을 대한민국정부에서는 허용하질 않았을 것이다. 오클랜드 시장에 사회당 후보로 출마하기도 했지만 훗날 사회당과 결별하기도 했다.

우리에게 더 가까운 것은 우리가 살고 있는 샌프란시스코 배이 출신이고 오크랜드에서 국민학교와 중학교를 다녔으며 문학에 눈을 뜨고 버클리 대학에서 일 년간 수학한 이로 로컬 보이인 게 더 정겹게 여겨지는 인물이다. 어렵게 자란 이는 12가에 위치한 오클랜드시 도서관 책은 과장하여 거의 다 읽으리 만한 독서광이며 훗날 이것이 박식한 작가가 된 밑거름이 되었다고 한다. 우리 한국교포에게 뜻있게 다가오는 것은 1900년 초 벌어진 노일전쟁을 취재하려 평안북도 선천에 가게 된 동기이다.

그는 당시 선천에서 의료선교와 학교를 운영 했던 Sharrocks 박사 댁에 거처를 옮기고 서방기자로는 처음으로 기사를 송고하여 당시 Hearst가 운영한 신문이 일약 유명해지는데 기여하기도 했다. 우리가 일반적으로 알기에는 노일 전쟁이 만주나 노령인 연해주에서 벌어진 것으로 알고 있는데 잭 런던과 Sharrocks 박사를 통하여 우리 땅 평안도에서도 전투를 했고 새록스(우리말 이름 사락수) 박사는 제정 러시아 군 부상병들을 치료하기도 했다고 사락수 박사 부인의 오래된 일기에 기록되어 있다. 이때에 런던이 취재했다.

잭 런던의 자서전 을 읽으면 전쟁 당시 언론, 특히 서방 언론을 통제하기 위하여 동경의 제국호텔에서 매일 파티를 열고 융숭한 대접을 했는데 이를 마다하고 호텔을 빠져나와 관부 연락선을 타고 부산에 도착하였다.

뱃사람 기질을 발휘하여 손짓 발짓하여 통통선을 빌려 밤새며 인천까지 와서 말을 빌려 타고 전쟁을 찾아 선천까지 와서 전쟁 상황을 현지에서 보내게 될 때까지 다른 서방기자들은 동경에서 일본군부가 주는 기사 등을 본국 신문에 보내는 정도였다.

일본군부에 허락 없이 조선에 간 것이 문제가 되었지만 귀국하여 일약 유명한 기자로서 작가로서 역량을 십분 나타나기도 했다. 확인된 것은 아니지만. 조선에서 돌아올 때 아이를 하나 데려다가 공부시켜 치과의사가 되어 하와이로 가서 정착했다는 이야기도 있다.

귀국하며 가져온 한국유물들이 지금도 소노마 카운티에 있는 Glen Ellen에 그를 기리는 박물관에 있다. 그는 키플링과 스티븐슨을 따르려고 노력을 했으며 다윈, 마르크스와 니체의 영향을 많이 받았고 훗날에는 칼 융에 심취하기도 했다.

그런가 하면 후에 오는 여러 작가의 본보기도 되었다고도 한다. 헤밍웨이와 비트 제네레이션을 이끈 케루악이 대표적인 작가라고 한다.

아무튼 우리에게는 정겨운 이름이고 이 고장 출신이어서 더 가까이 느껴지는 작가다.

문 닫는 서점

약 3주전 샌프란시스코의 명물 '스테이시' 서점이 문을 닫는다는 기사가 났다. 마켓스트리트와 2가 사이에 위치한 곳이다. 50여 년 넘는 역사를 가진 이 책방은 근래 대형서점과의 경쟁에서 밀리고 급기야는 손을 들기에 이르렀다. 책은 벌써 다 정리되고 나머지 집기를 팔고 있었다. 오랜 고객들이 와서 그동안 도와준 스탭들과 마지막 인사도 할 겸하여 서성대기도 한다. 그날 6시면 역사 속으로 사라질 장면을 목격하려고 인근 각지에서 책을 사랑하는 사람들이 모여들었다. 어떤 사람들은 이 서점 역사의 한 부분을 간직하려고 책 진열대 일부를 사기도 한다.

예전에는 같은 건물 4층까지 매장을 갖추기도 한 당시 수준으로는 큰 규모 서점이었다. 일반 교양서적을 포함해서 나에게 필요했던 경영서적과 회계서적이 항상 잘 비치되기도 하였다. 그리고 신간 문학책도 구색을 맞추어 잘 진열되었다. 고객을 위한 푹신한 소파도 명물이었다.

좋아하는 책을 갖고 몇 시간씩 있어도 나가라고 등 떠미는 사람도 없었다. 어떤 때는 퇴근길에 잠시 들러 책을 보다가 당시 다니던 대학원 저녁 클래스에 늦기까지 하였다. 어떤 책들은 표지와 제목이 좋아 사다놓고 아직 읽지 못하고 서가에 장식품으로 남아 있기도 한다. 어쩌면 전문 서적 이외에는 내용이 어려워 읽을 엄두를 내지 못한 책들도 있을 것이다.

당시 직장이 금융가인 몽고메리 스트리트에 있어서 점심시간에도 쉽게 찾아볼 수 있는 곳이었고 늘 책을 사랑하는 사람들로 붐비었다. 그곳에서 일 하는 사람들도 그저 점원이라기보다는 책이 좋고 책을 보는 고객들이 좋아 일하는 사람들이었다. 점원 중에는 시인도 있었고 글 쓰는 작가도 있었다. 여러 권의 책을 출판한 사람도 있었던 것으로 기억된다. 필요한 책을 사려고 그들에게 도움을 청하면 그렇게 자세히 알려주고 고객이 만족할 때까지 함께하는 그들의 장인 정신에 시쳇말로 감동을 먹은 적도 여러 번 있었다.

미국 사람들의 독서열은 참 대단하다. 지금도 내 주위에서 매주 한 권씩 책을 읽는 사람들이 제법 있다. 나도 웬만하게 읽는다고 하는데 이들을 따라가기가 어렵다. 1990년대 말 시작하여 두 번에 거쳐 약 5년 동안 모 은행 사외이사로 일한 적이 있다. 보통 한 달에 두어 번 회의 하는데 그 은행의 특수성 때문에 캘리포니아 각지에서 온 이사들로 구성이 된 은행이다. 모두 10명의 이사들이 소셜 아워(social hour) 때에는 늘 책 이야기로 화제가 집중된다. 거의가 비지니스맨들인 이들이 다루는 명제가 퍽 다양했다. 정치 · 경제 · 문학 등 여러 가지 분야였다.

당시 이사장 폴은 80세 가까운 건설회사 은퇴 경영주였다. 학력은 고등학교 졸업이 전부였는데 평생 독서를 통한 해박한 지식으로 은행을 행장과 함께 진두지휘한 사람이었다. 우리 한국 사람들은 누구를 평가할 때 그저 '똑똑'하다고 하며 말머리를 맺는데 미국사람들의 사람 평가기준은 읽은 책의 분량으로 하는가 보다.

이들은 '똑똑'한 사람을 이야기할 때 "He is well read"라고 하며 사람의 됨됨이를 독서와 연결을 짓는 것 같다. 여러 해 지나 생각해보니 그때 받은 영향 때문에 독서 클럽을 시작하는 데 앞장을 섰던 게 아닌가 하고 생각도 든다.

동포서점들은 어떨지 모르지만 주류 사회 서점들은 어려움을 겪고 있다. 얼마 전에는 버클리에 있던 오래된 책방이 문을 닫지 않으려고 몇 번 시도 하다가 결국은 셔터를 내렸다. 오클랜드 시티센터의 '월든' 서점이 얼마 전 문을 닫고 약 100여년 된 '홈스'도 몇 년 전 폐쇄했다. 14가와 해리슨에 있던 이곳은 지금 옷감을 파는 상점으로 바뀌었고 그 옆집은 동포 애주가들이 찾는 술집이 되었다. 더구나 많은 사람들은 인터넷을 통하여 신문 잡지 등을 읽고 책을 다운로드 받으니 우리와는 달리 서점에 갈 필요도 없을 것이다. 더구나 아마존 닷컴 같은 데서 쉽사리 책을 구입할 수도 있고 디스카운트 대형서점 '반스 & 노블' 같은 서점과의 경쟁에서 적은 규모 서점은 더 이상 명맥을 유지할 수 없었을 것이다.

'스테이시' 서점 하면 나의 꿈을 키워준 곳이다. 1970년대 초 대학을 졸업하고 시작하는 사회생활에 길잡이가 되어 주고 꿈을 키워주기도 하였다. 오클랜드에 사무실을 옮긴 지 30여 년이 가까웠는데 마음은 늘 있었지만 찾아 가지는 못했다. 산타로사에서 대학 다닐 때 털털거리는 폭스바겐을 운전하며 큰마음 먹고 찾아다닌 곳이고, CPA공부할 때 필요한 서적 구입하려 찾은 곳이다. 이제 아주 없어진다고 하니 간직했던 나의 꿈의 한 부분이 없어지는 느낌이 든다. 나의 미국생활과 함께 한 서점이라서 더 섭섭하다. 우리 주위에 책방이 없어진다면 팔짱만 끼고 볼 것이 아니라 문을 닫게하지 못하게 운동이라도 벌이고 싶다.

시인 와킨 밀러

오클랜드 하이웨이 13번을 따라가다가 와킨 밀러로드로 접어들어 산길로 잠시 가면 산림이 수려한 공원이 나온다. 입구에 트레일, 피크닉장소, 커뮤니티 센터, 야외극장 등이 있는 편리하고 아늑한 곳이다. 1918년에 오클랜드시가 와킨 밀러 가족으로부터 구입한 70여 에이커에다가 근처에 있는 땅을 사들여 500여 에이커가 되는 큰 공원으로 만들었다. 이 근처에 주민들과 시당국의 협조로 상업화되는 것을 방지한 결과로 이루어진 공간이고 이곳을 빛내고 일생을 화려하게 살다간 시인을 기리는 곳이다.

와킨 밀러는 1841년 인디애나에서 출생했다. 가족이 마차로 대륙을 횡단한 다음 오레곤에 정착하였다. 고등학교 졸업 후 잠시 대학을 다닌 기록은 있으나 방랑벽이 심했던 그는 여러 곳을 전전하며 여러 직업을 갖게 된다. 유일한 통신시설인 포니 익스프레스 마부 경력과 독학으로 법학을 공부하여 변호사도 되어 오레곤에서 고등법원 판사도 했다. 후에 주대법원 판사에 출마했다가 낙선을 한다. 그 이외에 학교 선생 등 여러 분야를 거친 사람이었다. 그는 서부에서 인디언과 싸우다가 활에 맞아 사경을 헤맨 적도 있다. 어쩌면 서부를 개척한 전형적인 카우보이 기질을 갖고 있었던 사람이었는지 모르겠다. 한동안 사기꾼이라고도 불린 그는 캘리포니아에서 금 채굴로 돈을 벌어 오레곤에 돌아가 신문사 경영도 하며 글을 쓰기 시작했다.

신문사 일이 작가가 되는 계기가 되기도 했지만 캘리포니아 초대 계관시인이었고 오클랜드 도서관 사서였던 '아이나 쿨브릿'이 그에게 시 쓰는 것을 권유했다고 한다. 그는 문학을 공부한 적은 없으나 당시의 많은 미국 문필가들이 그랬듯이 혼자서 습작하며 신문을 통하여 발표도 했다. 독자들의 반응이 좋으면 계속 글을 쓰며 본격적인 작가의 길로 들어섰다. 그는 우리에게 알려진 등단 같은 과정은 없었던 것 같다. 하지만 미국문단에서 인정받지 못하면서 문학의 본거지이기도 한 영국과 불란서에서 빛을 보았다. 어쩌면 야성미가 깃든 카우보이 글이 유럽 사람들의 관심을 사로잡았는지 모르겠다.

사유재산이 넉넉했던 그는 자비로 시집을 출판했다. 미국 문학계에서는 환영을 받지 못했는데 유럽에서는 그의 시가 폭발적인 반응을 보였기 때문이다. 주로 시의 소재가 록키산맥과 금을 캐던 시에라 산맥이어서 그를 산중시인이라고 하기도 하며 '록키의 바이런'이라고 부르기도 했다. 그는 영국 서정시인의 이름을 붙일만하게 대단한 인기를 누리며 영국에서 문필활동을 한동안 했다. 시집 여러 권을 출판한 다음에는 1886에 오클랜드로 귀환하게 된다. 오클랜드 힐에 70여 에이커 땅을 사들이며 숲속의 전원생활 꿈을 이루어 갔다. 그는 이곳에 개간작업을 시작하며 그가 좋아하던 여러 종류의 나무 칠만여 그루를 30여 년에 걸쳐 심었다. 겨울 이외에는 비가 오지 않은 곳이어서 인공으로

끌어들인 수로로 지금의 아름다운 공원을 만들었다고 한다. 그리고 그는 이곳을 문학의 전당으로 만들고자 많은 예술가들과 교류를 맺었다. 특이한 것은 인종차별이 심했던 19세기에 요네 노구찌라는 일본 시인과의 교류이다. 밀러 시인 집근처에 살던 이 사람은 일본 조각가 이사오 노구찌의 아버지라고 한다. 당시의 아시아 사람이라고 하면 노동자나 소규모의 상인이 전부였는데 어떤 인연으로 알게 되었는지 궁금한 이야기다.

그의 시 '오클랜드' 일부를 소개하며 오늘을 비교한다. 그는 이 도시를 '장미의 땅, 해가 밝은 곳, 나무가 우거진 바다를 낀 곳, 사자가 털을 가르며 달리는 힘이 용솟음치는 고장, 여러 인재 중에 모험가도 기르며, 여왕의 관을 쓴 평화가 깃드는 곳, 상수리나무 가지가 예술가를 품어 주는 곳, 하나님을 따르는 사람들이 낙원을 기원하며, 먼 별에서 지구에 있는 그를 부르면 그리스 문화가 깃든 이곳을 떠난다 해도. 낙원이 멀지 않은 이곳에 온다.'고 하며 끝을 맺는다. 거칠게 삶을 살다간 밀러 시인도 서양 예술가들의 마음의 고향인 그리스 문명을 이곳에 복원하고 싶었을 것이다. 그래서 이곳을 태평양 연안의 아테네라고 했는가 보다. 그의 시성을 다시 한 번 생각하게 한다.

책 읽는 대통령

이제 20여 일 있으면 그동안 8년 만에 백악관 주인이 바뀌게 되며 부시 대통령은 고향인 미드랜드 텍사스로 돌아간다.

참 그에 대한 말도 많았고 백만장자의 자손으로서 크게 노력하지도 않고 그의 할아버지와 아버지의 후광을 받으며 화려하게 정치에 입문했다고 한다. 이제 그는 임기를 마친다. 대통령이 된 지 얼마 후에 아랍테러리스트로부터 뉴욕무역센터가 폭발되고 펜타곤 일부도 훼손되는 참극도 있었다. 전 세계의 유일한 막강한 파워에 치명상을 입히게 되었다.

그의 순발력으로 사태를 수습하고 아프카니스탄을 포격하고 나토군과 함께 점령한 다음 고삐를 늦추지 않고 이라크도 점령하게 이르렀다. 그의 인증도가 엄청나게 올라가다가 전쟁에 따르는 여러 가지 불행한 사건 때문에 곤혹한 일을 당하기도 했다.

일부 부시를 반대하는 언론에서는 무식한 텍사스 촌사람이 수습을 제대로 못하였다고 보도하기도 했다.

이제 8년간 미합중국의 수장이 떠나며 그의 업적은 역사가들이 평가

하겠지만 주어진 여건 속에서 최선을 다한 것은 틀림없을 것이다. 최근의 부시 대통령의 인간적인 면을 접할 기회가 있었다. 정치가가 아닌 한 사회인으로 다룬 이야기다.

부시 대통령의 전 보좌관인 칼 로브(Karl Rove)의 "부시 대통령은 책을 사랑하는 사람이다"라는 제목으로 신문에 기고한 것을 읽었다. 2005년 망년회에서 우연한 기회에 대통령과 책에 대한 이야기를 나눌 기회가 있었다고 한다. 서로 신년계획(New Years Resolution)을 책을 읽는 것으로 하자고 했다. 그리고 첫해에 서로 책 읽는 것을 정산하니 부시 대통령은 95권 그리고 로브 보좌관은 110권을 읽었다고 한다.

두 사람 다 국내적이나 국제적으로 엄청난 업무량에 시달리는 사람들인데 일주일에 평균 책을 두어 권씩 읽었다. 믿어지지 않은 양의 서적을 탐독했다는 셈이다. 어떤 때는 공교롭게도 같은 책을 읽기도 하고 읽는 법을 서로 비교하며 선의의 경쟁을 하기도 했다.

2006년 읽은 책 목록을 보면 그의 기호를 엿볼 수 있다. 58권은 역사책과 함께 근래 출판된 자서전과 현대 시사를 다룬 책들이고 나머지는 논픽션과 문학작품 등이다.

2007년에는 로브 보좌관이 76권 읽고 부시 대통령은 51권을 읽었다. 그의 취향은 전년과 비슷하고 그 외 퍽 다양한 분야의 서적을 읽었다. 역시 역사와 자서전은 빠지지 않는다. 보좌관과 책읽기 경쟁에서 대통령은 매주 책 한 권씩 읽은 셈이다.

공부하는 학생들도 한주에 책 한 권씩 읽는다는 게 결코 쉬운 일은 아니다. 내가 오래전 대학 다닐 때에도 교과서 이외에 한 달에 일반 교양서적이나 문학작품을 두어 권 읽기가 힘들었다. 3년째인 2008은 아직 며칠이 남았는데 보좌관이 64권 읽고 대통령이 40권을 읽었다. 2008년 책은 역사에 관한 책들이 유독 많이 눈에 뜨인다. 평탄치만 않았던 2008년 역사 속에서 오늘을 배우고자 했을지도 모르겠다. 아마 2008년 경제가 곤두박질하지 않았더라면 편안한 마음으로 그들이 독서에 더 정진할 수 있지 않나 하고 나름대로 생각도 한다.

그리고 크고 작은 국제 문제가 책에 대한 관심사에서 그를 멀리할 수 있지 않나 한다. 부시대통령은 텔레비전 보는 시간 대신에 책을 읽었다고 한다. 그리고 대통령 전용 비행기로 공무 여행할 때 책을 손에서 떼지 않았다고 한다. 책은 항상 그의 생활주변에서 크게 자리를 잡고 있다고 한다. 그는 책을 읽으며 바쁜 정무에서 안식을 취했다고 하며 책이 여러 가지 호기심과 관심에서 그를 자유롭게 했다고 한다.

부시대통령을 이야기할 때 흔히 텍사스 무식쟁이라고 하지만 예일대학 학부에서 역사를 전공하고 MBA는 하버드에서 했으니 책과 친숙할 수밖에 없었다는 게 그의 보좌관 이야기였다. 그는 원래 책을 좋아했으며 책 속에서 많은 지식을 얻고 그 지식을 일상생활에 이용했을 것이다. 그는 여러 해 동안 한 해를 시작하며 성경을 창세기부터 요한계시록까지 읽고 하루를 기도로 시작한다고 한다. 그리고 그 과정을 쉬지 않고 매년 되풀이하고 있다고 그의 보좌관은 이야기하고 있다.

독서회 동호인으로 한 달에 두 권 읽기도 힘든 나에게 주는 교훈이 크다. 나도 어쩌면 새해 계획을 세워 한 해 책 세 권은 읽어보아야겠다고 다짐도 한다. 이제 1월 20일이 되면 부시 대통령은 마지막으로 백악관을 떠나 고향 텍사스로 향한다. 8년 전 처음에 올 때처럼 친구들과 그리고 책과 함께 떠날 것이라고 로브 전 보좌관은 이야기한다.

캘리포니아, 미국의 장래

근래 ≪타임≫지에 게재된 캘리포니아에 관한 마이클 그른 월드의 글을 소개한다. 캘리포니아처럼 혁신적인 일들이 시작되고 성공한 예를 다른 것에서 찾아보기가 쉽지 않다. 이제는 우리에게 생활화된 여러 가지가 이곳에서 발명되고 전 세계로 소개된다.

구글, 애플, 페이스북, 시스코, 인텔 상품과 유통의 새 전기를 마련하게 한 이베이 등 그 이외에도 새로운 것들이 계속하여 개발되고 있다. 한동안 캘리포니아가 겪는 여러 가지 어려움 때문에 타주로 이사하는 인구가 증가된다고 하지만 전체 인구에 0.1%에 지나지 않고 아직도 많은 사람들이 타주나 외국에서 이곳으로 이주한다. 이곳에서 시작한 카이저 병원이 의료계의 기준이 되어가고, UC 어바인 법과대학은 금년 입학생 전원에게 등록금면제하는 등 파격적인 학생모집으로 하버드나 예일보다도 더 많은 우수한 학생을 받아들인다. 그 이외에도 '고기'라는 한국음식을 곁들인 타코 트럭이 LA를 누비며 새로운 맛을 선사하는 등 끊임없는 변화를 해 나가고 있다. 그 이외에도 연방정부가 고심하고 있는 친환경법이 이곳에는 벌써 시행되고 있다.

캘리포니아의 다른 장점은 젊은 노동력이 각 분야에서 활동하고 있다는 것이다. 태양열을 에너지화하는 작업이 활발하게 개발되며 현재 5만 개의 지붕 전열판을 2017년까지 백만 개로 늘리겠다고 기염을 토한다.

지금까지 해낸 것을 보면 어려운 일만은 아닌 것 같다. 지금 전기차가 곧 생산단계에 들어가고 있다. 더 괄목한 것은 1970년대 전열 대란 때 전기 공급회사들이 시장을 개편하여 사용자들에게 전기 절제를 교육시킨 덕분에 사용량은 그대로 유지하되 공급회사들의 수익이 향상되는 효과를 가져왔다.

다른 주는 수요자들이 이곳에 비해 50%나 더 되는 전기를 낭비하고 있다. 그 외에도 바이오테크 회사들의 수가 계속적인 증가를 보인다. 그렇다고 캘리포니아가 어려운 문제가 없다는 것은 아니다. 현재 당면한 큰 도시의 갱단 문제, 학교 문제, 부족한 수자원 그리고 교통난 등을 들 수 있다. 현재 당면하고 있는 예산부족은 주민들이 주정부에서 혜택을 받는 것만큼 세금을 내지 않는다는 사실이다.

1978년에 통과된 주민발의(Proposition) 13번은 주 세원을 엄청나게 줄이는 결과를 가져다주고 있다. 예산통과는 주 의회의 2/3 이상이어야 한다. 주 세원을 부유층한테 의존하는데 경제가 나빠지며 상대적으로 세금이 덜 걷혀서 주정부가 고전을 하고 있다고 한다. 세원이 줄며 가장 큰 타격을 받는 곳이 교육기관이다. 이런 취약점을 보완하기 위하여 시민 단체들이 예산통과의 2/3법을 개정하려고 하며 주민발의에 제한을 두려고 한다.

그리고 새로운 세원을 강구하고 있다. 궁여지책으로 11월부터 주 세금징수를 10% 인상 하고 있다. 캘리포니아주는 주위에서 생각하는 것처럼 꼭 급진적인 면만 있는 것이 아니고 보수적인면도 간과할 수는 없다. 현재 여러 가지 어려운 점이 있는 세법과 함께 오랫동안 실시되어 오는 affirmative action법 등을 다시 검토하자고 한다. 캘리포니아는 범죄자들에게 삼진법을 처음 적용한 곳이기도 하다. 그리고 새로운 것을 서슴없이 실시하고 있다. 즉 한국식 타코를 받아들이는 주민들의 마음이다. 그냥 소개하는 데 그치는 곳이 아니고 실용적으로 개량하고 있다. 또한 다른 주에 비하여 더 친환경적이고 글로벌 시장화에 앞장을 서고 있다. 다른 주에 비하여 유색인종이 증가하며 인구가 도시로 집중한다. 그 이외에도 우리가 모두 겪고 있는 서브프라임 모기지 등을 일찍 받아들여 어려움을 겪는 주민도 많다. 이렇다 하여도 아직도 미래를 바라보는 꿈이 있는 곳이다.

어려운 중에서도 내일을 이야기하며 성취해 나가려는 기상이 있다. 브르킹 연구소의 마크 뮤로는 캘리포니아에서는 우리가 알게 모르게 새로운 경제 바람이 불고 더 큰 미래가 기다리고 있다. 우리 이민자들도 뒷전에만 서 있지 말고 새로 시작되는 경제와 변혁 물결에 편승하여 우리의 캘리포니아 꿈을 완성해야겠다.

청원 경찰

오클랜드시를 포함한 미국 내 여러 도시가 늘어나는 범죄와 계속되는 적자 예산에 고심을 하고 있다. 여러 도시 중에 시카고와 뉴올린스가 오클랜드와 같은 처지에 있다고 근래 미디어에서 보도한다.

근래 오클랜드 시의회에서는 청원 경찰회사와 계약을 맺어 범죄가 많이 나는 지역을 순찰케 하는 안을 통과했다. 그동안 시내 어느 상가 지역은 상인단체에서 나름대로 청원 경찰을 직접 고용하며 범죄예방을 하고 있다. 오클랜드시 당국이 늘어나는 범죄의 심각성을 보며 직접 청원 경찰을 고용하기는 지금이 처음이라고 한다.

현재 8천만 불의 예산 적자로 증가되는 범죄와의 싸움에는 턱없이 모자라는 처지이고 새로운 세원이 없는 한 경찰 증원은 어려운 입장이라고 한다. 보도에 의하면 오클랜드시 전체 예산에 65%가 경찰과 소방관에 지급되는 오버타임을 포함한 월급과 베네핏이라고 한다.

이들에 대한 연 평균 지출이 일인당 250,000달러가 된다. 이 금액이면 청원 경찰 4명을 채용할 수도 있고 보험료도 시당국이 직접 지불하지 않아도 된다고 한다. 얼마 전 발레호시도 늘어나는 경찰과 소방관 월급을 감당하지 못하여 파산신청하기에 이르렀다. 문제가 참 심각하다.

이런 일이 우리가 살고 있는 오클랜드만이 안고 있는 문제만은 아니고 여러 도시가 같이 겪고 있는 어려움이다. 우리보다 적자가 두 배 반인 2억 불에 허덕이는 시카고시 당국은 교통위반 티켓 발부 등 일부 경찰 일을 용역회사에 하청을 주자는 안건이 시의회에 상정되기도 했다. 그리고 곧 통과되리라고 한다.

뉴올린스에서는 시민들로부터 징수되는 세원으로 청원 경찰을 채용한다는 이야기도 있다.

오클랜드도 이 같은 일로 오랜 기간 동안 시의회에서 왈가왈부하다가 범죄의 심각성에 당면하고 이제 행동에 옮기려 한다. 작년에 그동안 범죄퇴치에 소극적인 태도를 보여 온 델럼스 시장은 거의 매일 벌어지는 식당 강도와 안전하다고 생각하던 레이크 메리트 지역에서 발생되는 일련의 범죄 때문에 고심을 하다가 동부에 여러 큰 도시에서 성공한 '가디언 엔젤스'와 손잡고 범죄퇴치 캠페인을 벌렸다. 좋은 결과를 올렸고 식당 강도용의자를 체포한 다음 그들을 해산시켰다.

근래에는 식당 강도 이야기가 없으나 한동안은 여러 한국식당이 강도를 당하여 많은 사람들이 회피한 적이 있었다. 작년에 오클랜드에서 125건의 살인 사건이 났고 금년 3월 말까지 25건에 이른다.

지난 정초에 발트 경찰의 실수로 승객 한 사람이 사망했고 지난달에 이스트 오클랜드에서 4명의 경찰이 보석 중인 범인에 의하여 목숨을 잃은 비극이 생겼다.

시장에 대한 경찰의 불신이 크다. 순직한 경찰 장례식을 칼레시움에서 거의 미 전국과 캐나다 경찰대표가 참석한 가운데 엄숙하게 거행되었다. 이 장례식에서 경찰 유가족은 델럼스 시장의 애도연설을 거부했다고 한다. 오랜 타협 끝에 경찰당국이 비무장 청원 경찰 채용은 하되 무장은 못하게 하는 결실을 맺었다.

나는 여러 해 전에 당시에도 범죄 때문에 고심하고 있던 해리스 시장과 이야기 하는 중에 시민봉사로 이루어지는 예비 경찰(Reserve Officer) 이용 문제를 거론한 적이 있었다.

경찰당국에 의한 소정의 훈련과정을 거치고 경찰복 착용과 함께 공안질서 유지에 현직경찰을 돕지만 무기는 휴대하지 못한다. 어떤 도시에서는 이 시스템을 잘 활용하고 있으며 경찰과 커뮤니티가 잘 어울리며 치안을 유지한다. 마치 시티즌스 솔저와 맥락을 같이하며 시민의 참여를 적극 권장하는 제도이다.

내가 알고 있는 우리 동포 몇 사람도 예비 경찰로 활동하고 있다. 나도 한동안 월럿 크릭 예비경찰에 지원하고 서류 심사와 신체검사 마쳤는데 아내가 마음이 내키지 않는다고 해서 그만 둔 적도 있다. 이러한 제도가 경찰당국과 그들을 대표하는 노동조합의 반대로 오클랜드에서는 제대로 이루어지지 않는다고 한다. 경찰당국이 청원 경찰이나 예비경찰을 반대하는 이유는 그들이 받게 되는 많은 액수의 오버타임이 줄어들기 때문이라고 한다. 그들의 주장도 납득할만한데 미덥지 못하다.

근래 용역회사 Rand가 제출한 보고서에 의하면 청원 경찰 제도를 이용하고 있는 LA에서 범죄율이 8%나 감소했다고 하니 참 반가운 이야기이고 청원 경찰을 채용할 만하다.

Rand 회사는 경찰 업무만 전문적으로 연구 하는 회사다. 오클랜드 시당국이 청원 경찰 채용을 하기로 한 것은 환영할 만 한 일이다. 이런 일로 부동산세나 다른 종류의 세금을 더 부과한다 하여도 우리의 안전이 지켜진다면 감수할 만하다. 오랫동안 오클랜드는 범죄의 소굴이라는 불명예스러운 이름과 함께 '소돔과 고모라'라고까지 불리기도 한다. 이런 오명을 벗는 일이라면 우리 모두 적극 동참해야 되겠다.

그리하여 우리가 살고 있는 도시가 오명을 벗고 20세기 태평양 연안의 '아테네'라고 불리었던 옛 영광을 다시 찾아야겠다.

역사와 교회

우리 주위에 관심을 갖고 보면 역사적인 건물이 여러 군데 있다. 샌프란시스코 베이 지역은 캘리포니아가 미국영토가 되며 동부의 영향을 많이 받은 곳이다. 1900년대 건물이 있는가 하면 캘리포니아공화국을 거쳐 미합중국에 일원이 되는 1850년 이후에 세워진 건물들도 아직도 여러 군데 남아있다. 그중에 하나는 캐스트로와 14가에 위치한 오클랜드 제일 유니타리안 교회다. 980번 고속도로 변에 위치한 고색창연한 건물이 그동안의 역사를 이야기하는 듯하다. 더구나 두 블록 떨어진 곳에는 오클랜드 시장과 후에 주지사를 역임한 '파디'의 저택이 지금도 그 위용을 자랑한다. 현대 건물구조나 모양과는 비교할 수 없지만 150여 년 전 건물이기에 더 돋보인다. 지난 30여 년 동안 출퇴근길에 매일 보아온 건물들이다.

전통적인 감리교나 장로교 영향을 받고 이민 온 우리 동포들에게는 유니타리안 교회하면 생소하게 들린다. 그 교회 건물은 1891년에 세워졌다. 교회부지는 버클리 대학건립에 중추적인 역할을 한 '제인 새더'에 의하여 구입되었다. 버클리 대학의 Sather Gate은 이들의 이름을 붙일 만큼 저명한 가족이었다. 이 교회 건축형식은 동부의 '로마네스크'의 영향을 받았다. 당시로서는 실내 규모나 건물의 아름다움이 두드러졌고 모든 건축자재는 레드우드를 비롯한 캘리포니아산만 사용했다. 1950년대에 고속도로 980이 계획되며 교회 일부가 헐리게 되었을 때 이곳 지방 인사들에 의하여 도로선이 변경되기도 했다. 이곳은 교회 이외에 오클랜드와 이스트베이에 문화의 중심지였다. 초기 교인은 시인 화킨 밀러, 우리가 잘 아는 잭 런던 부부와 새더 가족 등이었다. 그리고 당시의 유명하였던 무용가 이사도라 던컨도 여러 번 공연을 했다. 당대의 지성 랄프 왈도 에머슨이 이곳에서 설교를 했고 노예폐지를 주장한 줄리아 하우 등 셀 수가 없을 정도의 인사들이 이 교회를 거쳐 갔다. 현직 대통령 윌리암 태프트가 이 교회를 방문하기도 했다. 그가 유니타리안 교인이었다고는 하지만 공식 일정 중에 한 교회를 방문 한다는 것은 쉬운 일이 아니었다.

그 이외에도 국제적인 활동도 활발했다. 기독교 이외의 인사를 초청하여 연설한다는 것은 쉽지 않았을 텐데 1900년 2월에 인도의 성인 '스와미 비베카난다'에게 강연을 하게 한 그들의 넓은 아량이 있었기 때문이었다. 당시 영국식민지 연사에게 기회를 주었고 그 종단의 베단타 추종자들은 이 교회의 해밀턴홀을 지금도 그들의 성지로 삼고 있다고 한다. 유니타리안 신학교가 이 교회에서 시작했고 공히 서부의 유니타리안 교회의 중심지 역할을 했다. 국제적으로는 1945년 유엔의 창립 준비 모임이 이 교회에서 있었다고 한다. 아마 그 이유로 잭 런던 스퀘에 가면 동판과 각 국기가 걸렸는가 보다.

그리고 이 교회에서 우리에게도 잘 알려진 유네스코(United Nations

Educational, Scientific and Cultural Organization)가 조직되었다. 전쟁이 나고 한국의 과학자나 학자들이 이 기구의 도움을 많이 받았다. 우리의 전통적인 기독교 잣대로 본다면 삼위일체를 믿지 않는 유니타리안 교회를 이단이라 하겠지만 그들을 수용한 미국사회의 관대함을 생각 하지 않을 수 없다. 오클랜드가 자랑하는 초교파 성가대(Interfaith Gospel Choir)와 청소년 신문제작이 이 교회에서 빛을 보았다. 이 교회는 항상 선두에서 지역사회에 봉사는 물론 세계로 손을 뻗는다. 1989년 로마 프리에타 지진 때 교회가 이재민을 위하여 문을 열었고 구제 사업에 앞장을 서기도 했다. 지진으로 건물의 피해를 입고 2년 동안 근처 침례교에서 예배를 드렸다. 그동안 여러 단체의 도움으로 교회를 보수하고 다시 문을 열었다. 이 교회가 우리에게 주는 뜻은 아주 크다. 교회라 하여 교회 울타리에 안주하지 않고 지역사회와 지구촌을 위한 일에 적극적이기 때문이다. 오클랜드의 백인인구가 소수 민족을 피해 외지로 떠날 때도 그들은 교회와 지역사회를 지켰다. 참 마음이 흐뭇해지는 교회이고 언젠가는 실내도 구경하고 예배에도 참석해보고 싶은 곳이다.